# 学級担任が学級全体の学力を伸ばす10の鉄則

成瀬 仁 著

教育出版

はじめに


　数年前から，全国学力・学習状況調査（以下「全国学力テスト」と表記する）が小・中学校で行われるようになった。その結果をマスコミはいろいろとはやしたて，教育関係者の多くはその結果に一喜一憂する。現場では，その結果を受けて次の対策を講じ，実践しようと躍起になる。学校では，"子どもの「学力」を上げてなんぼ""子どもの「学力」を上げられない教師は教師として失格"とまで言われる。これが昨今の学校現場をとりまく現状である。

　さて，そのような現状の中で，実践者として"学力主義"の一番先頭に立たされている学級担任は，どうすべきか？考えさせられるところである。「テストの点数に数値化して測られるような学力なんて，本当の学力ではない」「世の中に出ればもっと大切なものがある」……といった声も聞こえてきそうだ。ただ，私たち現場の学級担任にまず求められているのは目の前のことを行っていくことであり，それをせずに高邁な理論で何かを語ったとしても，残念ながらそれは独りよがりになるだけだ。

ならば，いま巷で言われている「学力」を上げて，それからものを言ってはいかがか？　本書には，私のような「ふつうの学級担任」が「日常の学校生活で学力を上げていく」秘訣やその"鉄則"を，私と同じ学級担任の方々の少しでもお役に立てればという思いで書き著した。ご一読いただき，ご批正いただければ幸いである。

著　者

# 目　　次

はじめに

## [序論] 今，問われる「学力」！ ——————— 1
・学校現場をとりまく状況 ………………………… 1
・今，学校現場で ………………………………… 2
・目先の「学力主義」をこなさないと…… ………… 4

## 鉄則1　"淡々と""粛々と"学級づくりをすること ——— 7
・教師の盛り上げすぎに注意！
　〜極端に"HOW TO"的な学級づくりを避ける〜 ………… 9
・自然に授業に引き込む配慮を！ ………………………… 11
・すべての子どもを自然に受け入れる姿を！ ……………… 12

v

### 鉄則2 学校生活の日常を「学力づくり」の視点から見直し，工夫すること ── 15

- 校長講話を生かす ………………………… 17
- 朝の会で話す力・聞き取る力・まとめる力を！ ……… 18
- 「〜の意味」を語る教師に！ ………………………… 20

### 鉄則3 成績Cの子どもをBにする取り組みを行うこと ── 23

- 勉強が分かるためには，席を前に！ ………………… 25
- 「教え合う関係」の醸成を！ ………………………… 26
- 復習過程で徹底的に鍛える！ ………………………… 27
- テストを行うタイミングを考える ………………… 29
- 「できてきていること」「努力している姿」を
  ほめて励ます ………………………………………… 30
- 「自分もやればできる」という自信をもたせる ……… 32

**鉄則4** これまでの授業の常識を疑っていくこと ——— 35

- ・「聞いてまとめる力」が，学力の基本！ ……………… 36
- ・学級で「聞いてまとめる力」を伸ばす練習を！ ……… 37
- ・「考える」ことと「書く」ことをセットで！ ………… 39
- ・「マル読み」「段落読み」の音読で，
  「読む緊張感」と「集中して読む意識」を！ ……… 40
- ・国語の学習を「習う・覚える」学習から
  「考える（課題解決）」学習へ！ ……………………… 42
- ・算数の学習は，「読む」「書く」学習を！ …………… 45
- ・「話し合い」の授業は，要注意！ ……………………… 46
- ・1時間の授業に必ず「考える」場を！ ………………… 49
- ・「流さない」「逃さない」授業づくりを！ …………… 50

**鉄則5** 「基礎・基本」の授業と「活用」の授業を
はっきりと意識して行うこと ——— 53

- ・授業時間で確実に「基礎・基本」を
  使いこなせる子どもに！ ………………………………… 54

- 子どもにとっての「活用」授業は，
  　教師の授業づくりの「活用」！ ……………………… 56
- 「思考力・判断力・表現力」を一体に考えて！ ……… 57
- 「活用」の学習場面は，
  　「単元途中型」と「最終ステージ型」で行う ……… 58

### 鉄則6 「学力，学力」とムキにならないこと ―― 61
- 「考えている」子どもへの賞賛を忘れない！ …………… 62
- 子どもに学力をつけたいなら，
  　教師が多くの問題を解け！ ……………………… 63
- 教師がアンテナを高くはり，広く受信すること ……… 65

### 鉄則7 「教師と子ども」ではなく，
　　　　　「人と人」との対話を心がけること ―― 67
- 落ち着いた話し方と丁寧な言葉づかいを！ …………… 70
- 知的な話をたくさんする ……………………………… 72

| 鉄則8 | 専門研究だけにかたよりすぎないこと ─── 75

・専門研究の落とし穴 …………………………………… 77
・広く他教科の取り組みをヒントに！ ………………… 78
・他の教師の授業から「盗む」意識で！ ……………… 80

| 鉄則9 | 子どもに「あなたにはすばらしい能力がある」と
言い続けること ─── 83

・「『今』でその子が決まるわけではない」ことを
　教師自身が自覚し続ける ……………………………… 86
・その子の優れている面をしっかりと伝える ………… 88
・「自律と自己責任」の考え方を子どもに意識させる … 89
・カッとしない教師になろう！
　〜子どもの思考を中断させない〜 …………………… 91

| 鉄則10 | 子どもの思考力を鍛える
ストラテジーをもつこと ─── 95

・つねに「子ども一人一人に」考えさせる授業を …… 97

- ネームカードで考えの所属を決めさせる ……………  99
- 「スケッチブック活動」で
　すべての子どもに意見交流の機会を！ ……………  101
- 質のいい授業をコンスタントに！ ……………  104
- "HOW TO"から「戦略」へ ……………  106
- 学級の子どもたちの思考力を鍛えるための
　「ストラテジープラン」を書いてみる ……………  108

## [まとめ] "雰囲気"と"感化"で子どもの学力は変わる！ ── 111
- 学力は学級の雰囲気で変わる！ ……………  111
- 知的な雰囲気をつくり出せる教師に ……………  112
- 子どもは教師に感化され，学力を伸ばす！ ……………  114

おわりに

付録　思考力を鍛えるストラテジープランの
　　　実際と実践 ────────────────── 119

## [序論]

# 今，問われる「学力」！

### 学校現場をとりまく状況

 今年 (2012年) も全国の81％の国公私立の小・中学校が「全国学力テスト」に参加し，約178万8千人の小学6年生と中学3年生が受検した。このテストが始まってすでに数年が経ち，学校現場では，もはや毎年の風物詩のようにもなっている。またマスコミでも，問題と解答をすべて掲載し，大学受験のセンター試験を彷彿とさせる光景である。

 「ゆとり教育」の反動か，日本社会はこれまでにない強い姿勢で教育に対し，「結果」を出すことを要求している。その顕著な現れが，教科書である。昨年 (2011年) 度から始まった新学習指導要領のもと，教科書で教える「量」「質」ともに前学習指導要領から比べてかなり多くなり，難しくなった。この内容をすべての子どもたちにきちんと教え，分からせていくということは，並大抵のことではない。小学校6年生の算数に $x$ 式が出てきたり，小学校5年生の国

語に『枕草子』や『平家物語』が出てきたりしていることからしても，これまでの教科書とは全く違う。教育が時代の変わり目に来ていることを目の当たりにするとともに，教師にはより高度な教育技術が必要とされるようになったことを実感する。

### 今，学校現場で

　学校現場は，毎日本当に休む暇なく回転している。現場の教師には1時間，いや10分たりとも休む暇などない。子どもが学校へ来てしまうと，まず「子どもへの対応」が中心となる。巷でいわれる「学力向上」に向けた特別な取り組みなどは，せいぜい研究授業をするときや，学校訪問で人が見に来るときに少し「学力向上」を意識した授業をするくらいが関の山であろう。また昨今は，各教育委員会がさまざまなテストや指導集を出して，子どもの学力を伸ばす手立てを学校に伝えてくるが，実践者側では，それをこなすことで精一杯である。またこれが正直なところ，実情であろう。ただ，そのようななかでも，毎日の生活の中で子どもの学力を上げる手立てを密やかに行っている教師もいる。

　はっきりと言えることは，子どもの「学力」は，教師が意識して上げさせる手立てをとらないと上がらない，とい

うことである。誤解を受けるといけないので付け加えるが，私が言っているのは，個人の学力ではない。集団としての「学級全体の学力」のことである。学級担任や教科担任が問われるのは，個人の学力ではなく，学級集団の平均学力なのである。

全国学力テストに限らず，市販の学力テストを活用している学校は多くある。そのなかで，各学級の平均学力が毎年，学校内では公表されるであろう。その際に，落ち込みがひどい学級担任のクラスは，教師間で密かに語られることとなる。また平均学力が妙に高いクラスでは，どんな授業が行われているのかも興味をもつものとなり，その様子をうかがいたくもなるであろう。

あるとき，企業勤務経験をもち，1年間クラス担任をした教師が1年間の終わりにボソッと，じつに興味深い言葉をささやいた。それは，「教師の中にも競争があるんですね」と。その人は，教師は公務員で，だれもが和気あいあいと仕事をしていて，営利目的の企業とはまるで違う，ぬるま湯のような状況の中で過ごしているのではないかと勘違いをしていたようである。学力テストの結果を見て，「こんどは子どもの学力を上げたいですね」と，その人は付け加えた。

今の例からも，学校内でも密やかに「学力を上げる」た

めの自分なりの考え方をもたないと教師としてやっていけない時代に入っていることを実感する。

### 目先の「学力主義」をこなさないと……

　先にも述べたように,「学力主義」はもう完全に学校内に入ってきている。ならば,「私は, あなたは, 教師としてどのように子どもの学力を上げるのか？」「その手立てはあるのか？」, もっと言えば「本当に学級全体の子どもの学力を上げるために効果的な手立てをもっているのか？」——これらの問いに答えられないと, これからの教師はやっていけないともいえる。

　では, どんな手立てが, 一般校で学力を上げるために効果的なのか？　よく全国学力テストの成績がよいとされる秋田県や福井県の例があげられるが, その努力たるやすごいものである。しかし, 学力について調べたライターがある会でこう言った。「じつは普通のことを普通にしているだけなのです」と。この言葉は, とても大切で, またとても重い言葉であると私は悟った。

　すべてに「普通である」——これは, 学校で元気よく歌を歌うことも, 先生に言われた宿題をきちんとしてくることも, また教師が誠意をもって丁寧に教科書の内容を教えることも, 理解の遅い子どもに分かるまで指導することも

である。また，保護者が学校を信頼して苦情ばかりを言わない，といった昔ながらの「普通」の中に「学力」は育つのである，ともそのライターは言っていた。

　見かけばかりを重視する教師や我が子のことしか考えない保護者には耳の痛い話だろうが，もっともなことだと私は思う。しかしそのような方々ほど，「高い学力」を求めたがる。だからこそ，「普通に」行うことがいかに難しいかが分かる。しかし，この「普通」の中にこそ，大切な「学力を伸ばす」ポイントが隠されているのである。

　私は，ふつうの公立学校で二十数年間，学級担任をしてきた。ここ数年は学級の子どもの学力を上げるために，「普通に」，また意識して努力してきた。5年生・6年生を多く担当してきたが，これまでのやり方で，全国学力テストでもすべてのテストで全国平均よりも学級平均を必ず高くしてきた。これは自慢ではなく，私の行ってきた学級づくりや授業づくりが，それほど悪くないということを信じてもらいたいから言っているのである。

　本書は，私が「普通に」行ってきた学級運営や授業の中に，子どもたちの学力を伸ばすためのヒントになるものがあれば，という思いで書いたものである。

鉄則1

## "淡々と""粛々と"学級づくりをすること

　今, 子どもたちは, 日々の暮らしの中で多くの課題を背負って生きている。そこには将来への不安や, 抑えきれない欲求などもひしめいている。また, 習い事や部活動などでのストレス, 多くの宿題や塾の勉強など, 数えきれないほどの日常の課題と立ち向かっている。

　学校はその中で, 子どもたちの居場所をつくってあげることができるだろうか？

　学校でのんびりしたい子, 好きな友達と遊びたい子, 苦手なことから避けたい子など, さまざまである。そうしたなかで大切なことは, 子どもたちが安心できることであり, 安定できることである。「そこにいても大丈夫」「なんとかなる」という雰囲気を, 子どもたちは願っている。

　ただ, そのような「安定」だけでは生きていけないことを教えるのも, 学校の役割である。努力すること, 苦手を克服すること, やればなんとかなることなどを教え諭すこ

とも，学校の大きな役割である。その意味で学級担任は，子どもを理解しながら，ゆっくりと，じんわりと，こうしたことを子どもに伝えていくことが求められる。そうでないと，社会や学校に不適応を起こしたり，反社会的な行動に出たりすることも珍しくない。今の子どもたちの中には，その「ゆっくり」と「じんわり」を求める子も多い。教師が急に何かを変えようとすると，その説明を求めたり，意欲をなくしたりする子もいる。熱血感あふれる教師は魅力的だが，今の時代は子どもたちのほうが疲れてしまい，その学級担任について行かなくなってしまうようなケースも，多くなっている。

　また，昔のようにただ言われたことを鵜呑みにしてがんばる子どもは少なくなり，反対にちょっとした屁理屈を言って学級担任への不信感を募らせるような子どもが増えたように感じる。そのようになった子どもたちは，もう学級担任の話を聞かなくなる。すると「学力」を伸ばすどころか，学級崩壊にさえつながりかねない。その意味で学級担任には，「淡々と」「粛々と」学級担任の話をしっかりと聞けるような「学級づくり」が必要になる。これがまず，今の子どもたちの現状を踏まえた「学力向上」のための学級づくりの基本である。

## 教師の盛り上げすぎに注意!
### ～極端に"HOW TO"的な学級づくりを避ける～

　前述したように今の子どもたちには，意外と冷めている面も多い。

　よくある話だが，新任の教師がたくさんの「"HOW TO"本」を買い込んで，そのまま学級経営を始めたり授業づくりをしたりする。すると，意外と子どもたちは乗ってこない。教師だけが張りきって子どもに声をかけるが，いつの間にか子どもは意欲をなくし，その取り組みは形骸化して長続きしなくなる……こんな経験はないだろうか？

　年度当初に「学級づくりが大事」とばかり，たくさんの「かかわり活動」を組織する教師も多い。しかし，焦ってそのようにするのであれば，しないほうがよい。子どもは出来合いの「楽しさ」にはすぐに飽きてしまうものだ。また，子どもたちは徐々に盛り上がっていくことで，1年間を「楽しかった」と感じられるものだ。さらに，教師の「ほら，楽しいでしょ」という"押し売り"を，子どもは嫌うことも多い。

　学級でさまざまな楽しい活動や係をつくることも大切で

あるが，気をつけなければならないのは，その活動が「授業時間を使わずに子どもたちの手で進められる活動」であるか否かである。私も若い頃，失敗したのであるが，朝の学活で「ゲーム係のコーナー」を作ってしまったことがある。すると，その係が毎日考えてくるゲームが終わらないと，1時間目の授業に入れない。こうすると，まともに1時間目の授業ができなくなるのだ。

今は，書店に行くと，学級づくりに関するさまざまな「"HOW TO"本」や子どもたちを楽しませるための方法を紹介した本があるが，大切なことは，そうした活動をすることが子どもたちのどんな力になるのかを吟味することである。

今，現場の教師が考えなければならないことは，しっかりと学力を培うために，着実な，そして意味のある取り組みを，学級づくりに落とし込んでいくことなのである。

学級づくりを急ぐことと，「学級の楽しさ」を早い段階で安易に子どもたちに見せること，これらは子どもたちの学力向上に一番大切な「考えること」「考え続けさせること」を奪っていくことにほかならない。学級づくりにおいては，「ゆっくりと」「じっくりと」がなにより肝要であると私は思う。

## 自然に授業に引き込む配慮を！

　年度当初に一番大切なことは，子どもたちに「この先生の授業，おもしろい」「ぼくたちに考えさせてくれる」と思わせ，授業に引き込むことである。

　「子どもがうーんと考えられる学習課題」や「子どもが興味をもって調べてこられる問題」を年度当初に出したりすると，効果的である。子どもたちが課題を考え続ける意識や自分で調べる意欲をもつことにもつながってくる。また，こうした課題に取り組み，自分で調べたり考えたりした点をほめてあげると，子どもたちは俄然，勉強をがんばるようになる。この意識を年度当初から育てることにより，粘り強く考えることを楽しくがんばれる子どもたちになっていくのである。

　OECD（経済協力開発機構）が3年ごとに行っている国際学力調査PISAでは，日本の子どもたちは「考える問題」に対して「無記入」が多かった点が課題として指摘された。こうした課題を克服するうえでも，粘り強く考えられる「思考力」を鍛えていく場面をつくっていくことは大切であり，

じつはこのことが，学級全体の学力を上げるための要になってくるのだ。

子どもの「考えた」足跡を丁寧に授業や掲示で拾ってあげることも重要である。また，ノートの使い方や取り方などを早めに教え，その教科の学習に早めに入れるようにすると，子どもたちが安定する。

年度当初から気を抜かず，子どもが「考える」「分かる」授業づくりをしていくことは，絶対におろそかにはできない。

## すべての子どもを自然に受け入れる姿を！

学級全体の学力を上げていくために，学級づくりで最も大切なことの一つは，子どもたち一人一人を自然に受け入れる学級担任の姿を，年度当初から見せていくことである。

年度当初の引き継ぎでは，「この子にはこういう問題がある」「あの子は以前にこんなことをして大変だった」などといった子どもたちの実態や，「こんなところが要注意である」といった指導の仕方の注意点について，情報を聞

く機会がある。学級担任は，事実や偏見も含め，子どもたちに関する多くの情報を事前に仕入れていくことになる。

　しかし，知っていてもそのことを素振りにも絶対に出さない教師の姿を，子どもには見せつけないといけない。

　ときどき子どもたちは，新しい学級担任になると，「この先生，どこまでオレのことを知っているのかな」と，かまをかけてくることがある。「先生，オレのこと，知ってる？」「ぼくさ，前さ，学校休んでたんだ」などと話しかけてくる。私はそうしたときにはいつも，「えー，そーなの？」「えっ，知らなかった，もっと教えて」などと応じることにしている。このことは，とても重要である。子どもはここで，「この先生，知らなかったのか」と，ちょっとホッとする。そして，「この先生に知られていない。よし，また新たな1年をぼくもつくろう！」という思いをもち，新たな先生と新たな自分づくりをしていこうとする気持ちになる。それが，意外と学力向上にもつながってくるのである。

　また年度途中でも，たとえある子が悪いことをしても，それと授業とを切り離して，まっさらな状態でその子を受け入れる教師の姿を，子どもたちはしっかりと見ている。そして「この先生，すごい」と，教師の度量の広さを，子どもはなんとなくだが感じ取るのである。これまで「でき

の悪い子」というレッテルを貼られてきた子が，学級担任が替わることでガラッと変わる例はいくつもあり，実際に私も数多く経験している。じつは，子どもたちも教師に期待しているのである。この教師との出会いで自分が変われるか否かを見続けているのである。

　だからこそ，学級担任は，つねに両手を広げて受け入れる姿勢が大切なのだ。このようなことが自然に，しかし意図的にできる学級担任のもとでは，子どもたちの学力は必ず上がっていくものである。

鉄則2

## 学校生活の日常を「学力づくり」の視点から見直し，工夫すること

　「学力向上」のためとして，「授業づくり」の研究ばかりをしている学校は数多くある。しかし今，最も必要なのは，教師一人一人が「学力向上」の視点から「学校生活」を見直すことである。これまで「ただなんとなく」行われてきた活動や形骸化した取り組みを，もう一度，子どもの「考える力」を伸ばす視点で再構築していくのである。

　ここで一つ例を紹介しよう。私が10年前に勤務したオーストラリアの小学校では，修学旅行の夜に「お墓巡り」の活動があった。日本の林間教室で行う「きもだめし」ではない。墓守の人に一つ一つの墓を説明してもらう授業だ。私は「なぜ，こんな活動をするのか」と疑問であったが，後日，その教室を見にいくと，子どもたちが「ホラーミステリー」小説を作文の学習として書いていた。そこではじめて分かった。子どもたちが興味を示すものをとらえて，創造的に自分で考えて創作させるのがねらいなのだと。こ

れまでの日本の作文指導は「修学旅行の思い出」や「がんばった運動会」など,これまで行ったところの説明や自分の記憶にある感情を文に表すパターンが多かった。この事実をみて,私はまさに「目から鱗」という感覚を味わった。

　今の例は少し極端な例だが,欧米ではつねに「子ども自身が考える」ことに重きを置いて授業づくりをしている。日本の学校ももういちど,「子ども自身が考える」ことと結びつける観点から学校現場の見直しをすることで,子どもの思考力の育成に大きく寄与することができるのではないか,と私は考える。

## 校長講話を生かす

　学校では，月に一度（学校によって違いはあるが），全校朝会なるものがある。そのなかで「校長講話」が必ずある。校長先生のありがたい話を聞く機会である。興味深く聞いている子どももいれば，うつむきかげんでただなんとなく聞いている子どももいる。さて，ここに無駄はないのか？

　私は，全校朝会が終わった後の学級朝会の時間に，子どもたちに次のように質問する。

　Q1：「今日の全校朝会で校長先生は，3つの大事なことを言いました。さて何でしょう？」
　Q2：「校長先生が今日の話で，みんなに言いたかった中心は何でしょう？」

　Q1の質問は，PISA型学力でいう「正確な情報の取り出し」作業であり，Q2は「情報をまとめる」作業を子どもたちに求めるものである。このことで子どもたちは，次から校長先生の話をよく聞き，それを記憶しようとする意識が出てくる。日常的に流していたことも，ちょっとした

工夫で、子どもの思考を促す場に変えていけるのである。

## 朝の会で話す力・聞き取る力・まとめる力を！

　私は、朝の会で「７つのマル＋１Ｑ」という時間を設定している。これは、毎日の日直が７つの文を自分で即興的に作り、みんなの前で話すものだ。「マル」は句点のことであり、これで「７つのマル」である。これは、どんな子どもでも自分の考えをまとめて話す力を養うことを目的にしている。人前で話すことが苦手な子は事前に書いてくることもあるが、多くの子どもは即興的にその場で昨日の出来事や家でのこと、習い事の話などをしている。必ず「はじめ」「中」「終わり」の考え方で話をさせ、「はじめ」では自分がこれから言うことについての概略を伝えさせ、「中」では詳しい事実や思いなどを言わせる。そして「終わり」には自分の感想を述べさせるようにしている。

　このことは、文章の構成を「はじめ」「中」「終わり」で意識してつねに考えさせていくために、とても有効である。全国学力テストの国語Ａ問題にも、こうした力を問う問題

がよく出されている。

「１Ｑ」のほうは「１つのクエスチョン」という意味で、「７つのマル」で即興的な文を語った子どもがみんなに向かって、「さて、私は……をしたと言いましたが、その他に何をしたでしょう？」などと質問をするものである。これは、聞く側の「聞き取る力」や「大意をつかむ力」を鍛えるために有効である。また、これを毎日行うことで、「話を聞く」ことに対する意識も高まる。

朝の会のちょっとした時間である。時間にすると１～２分である。しかしこの活動は、すべての子どもに「話す力」と「聞き取る力」を育てていくために効果的であると、私は実感している。５・６年生になると、林間教室や修学旅行など校外での行事も多くなるが、こうしたときに突然、感想を発表する役をふられても答えられる子どもになってくる。

さらにこの活動のよいところは、学級担任が手を加えなくても活動が進んでいき、マルつけや添削などの手間も要らないところであり、このことで継続が容易になっていく。

朝の会のようなちょっとした日常生活場面の中にも、視点を少しだけ変えることで学力向上につながる側面が見えてくることを実感するであろう。

## 「〜の意味」を語る教師に!

　学校現場では、まだ依然として"HOW TO"的な教育技術が流行している。それはそれで私は否定はしない。ある意味では重要なことでもある。ただ、じつは子どもたちは、社会の仕組みや学校の活動の意味などをきちんと語ってくれる教師を待っている。これは、私が教壇に立って実感していることでもある。

　あるとき、私は前年に学級崩壊した後の学級を受けもち、6年生の女の子に最初にはっきりと言われた。「なんで勉強しないといけないの?」……と。結果的にその子は「勉強って、やっぱり大事なんだ」と言って卒業していったが、この質問は、学校の教師にとって究極の質問である。この質問にしっかりと答えられない教師は、子どもを「学習意欲喪失の危機」から救うことはできないであろう。私は、その子たちに「勉強することの意味」を教えるために、地域に出て働く体験学習をさせた。介護施設や商店、保育所、植木屋等々。今でいうキャリア教育である。その後に、子どもたちは自分たちで「お金を稼ぐ」活動をすることを決

めた。原価50円の布地を買ってきて，それをコースターにしたり，ぞうきんを手縫いしたりして，地域の祭りで店を出した。その過程で赤字が出ないように計算したり，家庭科で習った縫い方を思い出して縫ったりした。その後，学級会を何度も開き，稼いだお金で植栽を買って，卒業記念品とすることを決めた。

　子どもたちは最後にはっきりと分かった。「勉強は，自分たちが世の中で生きていくために大切なものなのだ」と。その子たちは，それまで学力テストをするたびに全国平均にも達しない子どもたちだったが，その1年間でなんと学級偏差値も上がり，ついに全国平均を超えた。

　私がこの事例で伝えたいことは，子どもは，教師に物事の「意味」を実感させてほしいと願っているということだ。それが分かれば，子どもは自ずと学習するようになる。「～の意味」を語る教師になることは，当たり前のことのようであるが，学校現場という，ある意味特殊な場で過ごすうちに，教師たちはただ"教える"ことだけにやっきになることも少なくない。しかし，物事の「意味」をしっかりと伝えてあげると子どもたちは大きな伸びを見せるということは，忘れてはいけない。

鉄則3

## 成績Ｃの子どもをＢにする取り組みを行うこと

　じつは，「できる子どもは，はじめからできる」――このことは，あまり表だって語られていないが，学級担任をしていれば必ず気づくことである。どんなに荒れた学級であろうとも，学級担任が新採用でまだ授業がおぼつかなくとも，学力の高い子どもは，ある程度高いままで推移する。成績のよい子どもをよりよくすることも大切だが，学級担任の腕の見せどころは，「ちょっとよく分からない」と言ってくる子どもの学力を上げるところにあるのだ。

　見出しに掲げた「成績Ｃの子どもをＢにする取り組みを行うこと」はあからさますぎる表現で抵抗を感じるかもしれないが，じつはこのことに取り組むことがなによりも学級全体の学力を上げるために有効なのである。多くの学級の場合，学力テストでは，その成績の分布がふたこぶラクダのように，二極化している。たとえば，５段階評定でいえば「４」のところに大きな山があって，「２」や「１」

のところにもう一つ山があるという傾向が見られる。この「1」や「2」という成績の子どもたちの学力を「3」に引き上げることで、学級全体の学力は、確実に上がっていく。ここではその「1」や「2」の成績の子どもたちの学力を伸ばす、学級経営上の方法を述べていく。

## 勉強が分かるためには，席を前に！

　子どもたちに勉強を分からせるためにまず大切なことは，その子をとりまく環境を，「勉強が分かる」ために整備することである。その手段の一つが「座席替え」である。

　学力を伸ばしたい子どもは，できるだけ学級担任の目の届くところに座らせるのがよい。何をノートに書いているか，考えているふりをして分かっていないところはないか，計算違いはしていないか，などをいつでも学級担任が見られるところに，その子どもたちを置いてやるとよい。そして，「間違うこと・分からないことは，恥ずかしいことではない。分かったふりをしていることが，一番恥ずかしいことだ」とクラスの子どもたちに言い続ける。

　また，分からない子どもに学級担任が丁寧に教えてあげる機会をつくることも，絶対に忘れてはいけない。このことで子どもはより学級担任に心を開いて学習するようになり，「間違っても先生がやさしく教えてくれる」という意識になる。すると，子どもたちは教師の目を意識し，自分でもやらないといけないという意欲をもつようになる。

## 「教え合う関係」の醸成を！

　座席替えの際にもう一つ大切なことがある。それは，その子の隣に面倒見よく教えてくれる子どもをつけるということである。

　私が担任したある学級での話である。

　「勉強なんて，意味がない」と言った子がいた。もう6年生なので，教師が子どもだましのようなことを言っても聞かない。私は，その子といつも仲よく遊ぶ友達を隣の席に座らせた。仲よし同士で座らせることでよけいに勉強に目が向かなくなってしまう心配もあったが，隣に座った子はその子の分からないところを熱心に教えてくれ，2か月たった頃にはその子も「勉強が分かってきた」と言い始めるようになった。そして，その子と席が離れてからも，いつも「教えてあげる関係」が成立していった。反対に，遊びが得意なその子は隣の子に遊びを教えてあげていた。そのことで互いの信頼感が増していったようだ。それだけでなく，今まであらゆる者に対して強く当たっていたその子が，寛容な姿を見せるようになっていき，卒業の頃には

「ちょっと私も頭がよくなったようだ。教えてくれた子やみんなに感謝したい」と言うようになった。

私はこのときに、「教えてもらう子どもは本当に勉強になる。と同時に、やり方を口に出して教えてあげる子はもっと勉強になるよ」と言って、互いの切磋琢磨を賞賛した。教える側の子どもも疲れてきたり、いやになったりすることもある。その教える側をフォローするためにも、二人を励ましてきた。

このように、子ども同士で互いに触発し合える関係を築かせることは、子どもたちの学力を向上させるうえでも、意外と大切なことになる。学級担任は自分の教え方を工夫するだけではなく、子ども同士の「教え合う関係」を醸成することも、大きな学力向上につながることを意識しておくとよい。

## 復習過程で徹底的に鍛える！

最近は教科書も厚くなり、教える内容も以前より数段多くなった。ふだんの授業でもできるだけ時間をかけて教え

方の工夫をしたいところだが、授業時数のことも考えると、たぶん教科書の内容を教えることだけで手一杯であろう。そうすると、成績Cの子に丁寧にかかわっていく余裕も、ふだんの授業では少なくなる。そこで重視していくべきところは、「復習段階」である。この「復習段階」で、確実に取りこぼさないように努めなければならない。

　私は、単元のすべてを終えた段階で、復習のための小テストを必ず行う。そのマルつけは子どもたち自身にさせ、自分の理解の度合いを確かめさせる。その小テストで芳しくない点数だった子には、集中的に教えたり、簡単な宿題を出したりして、学習内容を理解するための"てこ入れ"を図る。

　このように"てこ入れ"しないといけない子どもはそれほど多くないので、学級担任の負担も少なくて済む。より効率的に、すべての子どもたちによい成績をとらせ自信をつけさせる意味でも、私はこの復習過程を大切にしている。この過程を踏むことで、学級の多くの子どもが、期待得点を超えることができる。ちょっとした手間とタイミングをとらえた指導で、10点から20点は変わってくる。実際に実践してはっきりと言えることである。

　こうしたことは多くの教師が実践していると思うが、履修内容が多くなったうえに、子どもの学力を伸ばせる教師

が従来以上に求められている今,このことの意義は,あらためて強調して伝えたい。

## テストを行うタイミングを考える

　成績Cの子どもをBにさせる手立てとしてもう一つ大切なことは,テストを行うタイミングである。できる子どもは,いつテストをしてもいい点数をとることができる。しかし,ふだんから理解が遅い傾向のある子や学習の意欲が減退ぎみの子にとっては,このテストを行うタイミングがより重要になる。

　最も有効なのは,前述の「復習過程」を終えた後にすぐテストを行うことである。「単元終了」→「復習過程」（個人指導後）→すぐに「テストの実施」というかたちがベストである。たった今習った学習内容なので,忘れずに理解していることが多い。そのときにテストを実施することで,これまでのテストでとれなかった点数をとったり,前よりよい点数をとることができるようになる。これを繰り返すことで,「ぼくもやればできるのではないか」という思い

を呼び起こし，それは必ず学習意欲の向上につながる。

　少し姑息なやり方のように見えるかもしれないが，テストのタイミングを自分の都合に合わせて行う教師より，子どもの理解の頂点でテストを行う教師のほうが，子ども思いの教師だと私は思う。

　このようにして行ったテストで自信をもち，学級担任にも「がんばったね」とほめられることで，今まで宿題をほとんどしてこなかった子が少しずつしてくるようになったり，学校生活にも前向きな態度になってきた例は，いくらでもある。

## 「できてきていること」「努力している姿」をほめて励ます

　「子どもをほめて伸ばしましょう」――このたぐいのフレーズは，もう聞き飽きた感がある。多くの教育学者や教育評論家は，「子どもはほめて伸ばす」ことを主張しているが，現実には，毎日ほめていると子どもたちはほめられるのが当たり前になり，自分の努力をしっかりと行えない子になってしまう。

私はつねに,「今, できてきていること」をほめるようにしている。「漢字, 前よりも書けるようになったじゃない」「今日の計算, すらすらできていたね」などである。成績をCからBに上げたいと思っている子どもたちにとって, この言葉かけは一番効果的である。これまで勉強のことで先生にほめられることなどあまりなかった子どもたちである。そんな子どもたちが「先生, 勉強のことでぼくをほめてくれた」という意識になれば俄然, 学習に対する意欲も湧いてくる。また, その教師を本当に信頼するようにもなる。

　もう一つは,「その子の努力している姿をほめる」ことである。これは, 点数などとは関係ない。これまで家庭学習をしてこなかった子どもが家庭学習をしてくるようになった姿, 宿題をいつも忘れるので前日の放課後に残って宿題をする姿など, 自分自身で「変わろう」と子ども自身が努力している瞬間をとらえて,「その姿がすばらしいし, 尊いことだ」と, 私はほめるようにしている。がんばっている姿は人として一番美しく, そこをとらえられる教師の目をもつことで, 子どもたちは教師を信頼し, その教師から勉強を教わりたいと思うようになる。

　このように,「ほめて伸ばす」ことには, 具体的にほめていくポイントを見さだめることが重要である。そこをプ

ロの教師は、心がけるべきであろう。「ほめる」ことが上手な教師、つまり子どもの意識をとらえて、子どもの心に思いを投げかけられる教師は、子どもの意欲を沸き立たせ、子どもを学習へと引き込むことができる。そのような教師のもとでは、必ず学力は向上する。

## 「自分もやればできる」という自信をもたせる

　ここまで「成績Cの子どもをBにする」ためのいくつかの取り組みを紹介したが、その過程を通じて最も大切なことは、子ども自身に「自分もやればできるのではないか」と思わせることである。子どもたちがその意識を継続し、自信につなげることができると、子どもは「勉強することで学校が楽しくなる」と感じることができるようになる。それはまた、まわりからの評価にもつながり、そのことがさらに自信になる。その子たちが希望をもって自己実現をしていくためにも、こうした過程を、学級担任はつくってあげなければならない。

　すぐに効果が出ることは少なく、こうした過程がしっか

りと軌道に乗るためには短くても3か月，長いと半年はかかるものだが，学級担任はその間，つねにその子たちの学習の理解度をはかり，小テストでのチェックや最適なテストのタイミングなどを考えていかなければならない。

## 鉄則4

# これまでの授業の常識を疑っていくこと

　PISA型学力を意識した今の学習指導要領では「読解する力」や「考え判断し表現する力」が重視されていること，またそのために「言語活動」が大切であることは，耳にタコができるほど知らされている。しかし，そのためにふだんの授業をどのように変えていけばいいのかという問いを出されると，答えられない教師も多いはずだ。

　私は，これまでの日本の学校でよく見られた各教科の定説を少し疑ってみる方向から授業を考え，改善した。ここで提案する内容は，すべてPISA型学力の向上に向けて私個人が行っている授業改善へのアプローチである。オーストラリアの小学校で見聞きした内容も入っているが，実際にこれらの方法は，自分が受け持っている学級で行っていることなので，すぐにでも取り入れることができると思う。

## 「聞いてまとめる力」が,学力の基本!

　「聞く力」の大切さは,どんな本にも書いてあるとおりだ。しかし私が伝えたいことは,「聞くことができればいい」ということではない。静かに聞いていても,本当に頭の中で理解しているかは,別の話だからである。

　朝の会で,たとえば「連休の過ごし方で,これとこれが大切です」「交通事故にあわないように,飛び出しをしないことと左右確認は大切ですよ」などといったことを話す。ときには身振り手振りをつけて話す。5分近くも話してしまうこともある。

　その後,「さて,先生は,今の朝の会で,どんなことを話したでしょう?」と聞くことを,私はときどきやる。すると,静かに聞いていたのにまったく答えられない子がいる一方で,その時間,隠れて本を読んでいてもその質問に答えられる子もいる。どうしてこんなことが起こるのであろう。かたや静かに先生の話を聞いていて,かたや自分勝手に本を読みながら聞いていて,答えられるのは本を読んでいた子。一見,不思議な話のようだが,そうではない。

じつは、これは小さい頃からの生活経験に根ざしている。子どもの頃に、大人が語り聞いてあげているか否かが大きい。大人や友達の話を聞き取って、相手の言いたいことを感知できるようになってきたかどうかということだ。子どもは小さい頃から「聞いてまとめて、相手の意図を悟る」経験をたくさんすることで、人の話に敏感になることができるのだ。多少の緊迫感や心からの投げかけなどを感じながら、子どもは、自分自身で「聞いてまとめる力」を鍛えてくるのである。

それができることで、さまざまな物事に敏感に反応するようにもなる。この「聞いてまとめる力」をまず鍛えていかないと、学力など伸びない。どんなことでも、すぐにスルーしてしまう子どもになってしまう。

ここがじつは、学力を伸ばすための基本である。だから、子どもに「語り聞く」ことが重要なのだ。

## 学級で「聞いてまとめる力」を伸ばす練習を！

先に紹介した「校長講話を生かす」(p.17)、「7つのマル

＋1Q」(p.18)などは,「聞いてまとめる力」を伸ばす具体的な取り組みの例である。こうした日常生活の中で行う取り組みは有効であるが,あくまでも授業ではなく日常生活場面でのことなので指導にも限界があり,「聞く」ことを意識しない子を逃してしまうことにもなりかねない。

そこで私は,国語の「話すこと・聞くこと」に関する学習の終わりのほんの5分間だけを使って,問題を子どもに出している。これは,私が話を2分間くらいして,その内容の柱や中心を子どもたちがノートに書くだけのことである。話の内容は毎回変わるが,私が子どもに質問することはあまり変わらない。

一つは,「この話では3つの大切なことがあると言っていました。さて,その『3つの大切なこと』とは,何でしょう?」などと,その話の柱を問うことである。もう一つは,「ここで先生が言いたかったことは,何でしょう?」などのように,話の中心を問うものである。

この取り組みを続けるうちに,子どもたちはいつの間にかメモをとって聞くようになった。自分で覚えられないときにはメモが必要であるということを意識させるためにも,重要な学びとなる。

このように,授業中のちょっとした時間でも,子どもたちに「聞いてまとめる力」をつける取り組みができるので

ある。

## 「考える」ことと「書く」ことをセットで！

「考える」ことと「書き表す」ことは，今は一連の活動と見なすようになった。これは，指導要録の評価項目を見ると明らかである。そこには「思考・表現」と一つの項目になっている。昔は，「思考」は「考え方」，「表現」は「表現・処理」という別々の項目であったが，今は「思考・表現」は一連の流れのものであるとする考え方をみることができる。

だから授業でも「思考・判断・表現」は一連のものと見なし，つねに「考える」活動の後には「書く」活動を入れ込んで授業の展開を考えることを，常識としていく必要がある。

私は，授業の始まりにその時間の学習課題を板書で示すようにしている。子どもたちは，それをノートにとる。ノートの下方の余白は，子どもたちが「考えを書く」場として位置づけている。これは，音楽や図工，体育以外の教科で

は、ほぼそうしている。だから子どもたちは、教師が書いた板書を写した後に、自分の考えを書く習慣がついている。
　このように「考える」ことと「書く」ことをつねに子どもたちに意識づけていくことは、最低限必要なことである。

## 「マル読み」「段落読み」の音読で、「読む緊張感」と「集中して読む意識」を！

　これまで、たくさんの「音読」の仕方が提唱されている。「3回読んだら腰をおろす」という指示のもと、一斉に子どもたちの音読の声が響きわたる、速読を鍛えるやり方なども有名である。「たけのこ読み」といって低学年の子どもたちが読みたいときに立ち上がり、音読するかたちなどもある。これらの「読む」活動は、それぞれの面で効果的であろう。
　私はここで、学級全体の子どもたちの学力を上げていくために効果的な「読み」の方法を紹介したい。それは、「マル読み」である。一文ごとに交代して音読していく、あのやり方である。「なんだマル読みか」という声が聞こえてきそうだが、私は、学級全体の学力を上げるために効果的

だと思っている。

　個々に音読をさせたり，代表の子どもが読んだりすると，「自分は関係ない」と緊張感を失い，一見すると静かに授業を聞いているようだが，じつは授業に参加していない子どもが出てくるものだ。その子たちは，授業を能動的に受けていない。つまり，頭を使わないで楽をしているのである。

　「マル読み」は，その子たちを休ませない。「マル読み」をすると，子どもたちは緊張して，必ず教科書の本文をしっかり目で追っていかなければならなくなる。そのことが，学級の子どもすべてが読みを確かなものにしていくのに最適なのだ。先生に「３回読んだら座りましょう」と言われたって適当に読んで声を出しているふりをして座ればいい，「音読」も代表して読んでくれる子に任せておけばいい，ぐらいに考えている子どもも多いはずだ。しかし「マル読み」は，そうはいかない。必ず自分の番が回ってくる。そこで読む緊張感は，「文を読む集中力」へと変わってくるのだ。だから，すべての子どもが集中して読むことができるようになるために「マル読み」は有効な手立てである。

　テストの問題文も，集中して読まないと読解することができない。「マル読み」は，学級全体の子どもがテストの問題文を集中して読むことができることにもつながる。

私はまたときどき、「段落読み」を学級のすべての子どもに行っている。この方法は、より効果があるが、その時間の中だけでは多くの子どもに音読の順番が回ってこないので、徹底してその時間を「読み」の時間に使うときだけに行うようにしている。

## 国語の学習を「習う・覚える」学習から「考える（課題解決）」学習へ！

　国語の学習では、昔から今までどちらかというと「習う」「慣れる」といったことが重視され、読むことや書くことに関する基本的な事柄を「覚える」学習がメインであったきらいがある。今でもそれはさほど変わらない。しかし、全国学力テストのB問題など「活用」する力を問う学力テスト問題では、自分の考えを書いたり、長い問題文を読み込んでその意図に合った回答を書かないといけない問題が多くある。「覚える学習」だけでは、こうした問題に対応できる力は身につかない。

　国語科の授業では、1年生のときから説明文の要約や物語文の心情把握などを教師は繰り返し指導しているが、6

年生になっても「要約することができない」「登場人物がそう考えた理由を本文から拾い出せない」子どもは少なくない。これはどうしてなのか。

　それは、教師の授業の進め方に問題があると私は考える。

　算数や理科と違い、国語は1時間ではっきりと「この問題を解きましょう」という設定はしにくい。そのため、本時の学習課題がつねに漠然としてしまいがちである。そしてなんとなく、その教材に特化したかたちでしか、要約の仕方や登場人物の心情読み取りなども、指導してこなかったのではないか。つまり、子どもの立場からすると、その学習をする意味がよくわからないまま、「この場合は、こうやって、こうやって要約するのよ。わかった？」と教師に言われ、「そうなんだ、へー」で終わる授業が多かったのではないか。その学習がもつ意味や、要約する際の絶対的なポイント（一定の公式のようなもの）などの指導を徹底してこなかった教師の授業運びに問題があったのではないか。だから、子どもがテストを解く際にも、「なんとなく、これじゃない？」程度の根拠で解答しているケースが多いのではないか。

　私は、これからの国語の授業では、「1授業1課題」を設定して子どもが解くという授業運びをつねにすることと、授業の最後に必ず今日の「課題の解き方のポイント」のま

とめをすることを勧める。私はつねに国語の1時間の始まりに，黒板に「今日の課題」を書き，赤のチョークで囲んでいる（たとえば，「『ごんぎつね』のごんの思いが表れているところに線を引き，ごんの思いを書きましょう」など）。その課題を学級のみんなで解き，みんなが理解したと私が感じたら，まだ時間が余っていてもその授業を終わりにしている。子どもたちにもこのことは伝えている。子どもたちもそれが分かるから，課題を解くことに一生懸命になる。

　このように，子どもたちがはっきりと自分が今すべきこと，考えるべきこと，ポイントとして知っておかないといけないことなどを，明確に意識できるものにしていく必要がある。だらだらした授業では，国語の学力は身につかない。できるだけシャープに，「今日はこれを考えるんだ」と子どもにはっきりと分からせる授業づくりが必要である。

　また，ときには子どもに任せる問題解決的な学習運びも必要である，今は教える内容が多くなってなかなか時数がとれないという実情もあるが，時数に余裕があり，教えた内容を活用させたい場合には，問題解決学習は国語科においても効果を発揮するであろう。一例をあげると，「新聞の社説の書き方を学んで，実際に新聞社に投稿してみる」などの単元全体を通した学習課題を設定することも考えられる。

## 算数の学習は,「読む」「書く」学習を！

　全国学力テストの問題などを見ていくと,最近になり新しく問われていることがある。それが「式や図を正しく読むこと」と「それを自分の言葉で書いて説明できること」である。計算ができることや文章題を解くことも今までどおり大切なのだが,学習指導要領が改訂されて大きく強調されていることの一つが,この「式や図を読む」ということだ。このためには,教師がこれまでの算数科の授業観を少し転換しなければならない。

　私は毎時間,その日の問題をノートに視写させ,自分の考えた「解き方」「式」「その説明」をセットで書かせるようにしている。式が書けた子どもには「どうしてその式を書いたのかを,ちょっとでもいいから書きましょう」と言って,自分の考え方の説明をノートに書くようにしつけている。また,全体で発表する子には,机間巡視の際に大きな紙とサインペンを渡し,「解き方」「式」「その説明」を書かせてから発表させるようにしている。子どもが書いたその紙は,学級の「考えの広場」に掲示している。

鉄則4　これまでの授業の常識を疑っていくこと

「自分の考えをもつ」こと，それを「説明できる」ようにすることは，授業づくりのかたちを大きく変える視点となる。

## 「話し合い」の授業は，要注意！

　「話し合いの授業は，すばらしい！」——あえて刺激的な言い方をすると，これはもっぱら「学力を上げる責任を負わない人」の意見である。私はなんとなく行う「話し合い」の授業が，じつは学力とはそれほど関係ないものであることを感づいている。また，研究授業など「見せる授業」のために，「話し合い」活動を無造作に入れている場面もよく見る。これも私は危険な感じをもつことが多い。子どもたちは話し合うことで，何が見えたのか？　何が変わったのか？　何人の子どもたちが参加していたのか？　何人が分かったのか？

　私は，学力のことを度外視しても，「話し合い」の授業の落とし穴をいつでも感じる。「話し合い」が，「学ぶ」ために本当に効果的だったのかという疑問を，自分の授業で

も，他の人の授業を見ていても感じることがある。

　私たちも子どもたちにこのような話し合いをさせていないか？　民主主義の基本である「話し合い」の論理を，授業の見せ方だけでゆがめてはいないだろうか。

　たとえば，学級の「お楽しみ会」で行うゲームについて，「ドッジボール」と「バスケットボール」で意見が対立したとき，そのままの対立の展開でいいのか？　その上の意見を求めていくことをさせているか？　また，「どうでもいい」と思っている子に何か手は打っているか？

　私は，「話し合い」の際に必ず行うことがある。それは，まず子どもたち一人一人に自分の意見を書かせることである。子ども一人一人が自分の意見を書くまでは，授業を先へ進めない。書いたら全員に発表させる。時間短縮のため，書いた子から順に発表させることもあるが，これがまた，自分の意見をもてない子の参考にもなるので，かえってよいと感じている。

　先日も，児童会から「運動会のスローガンを各学級1案出してほしい」とのことで，学級会を開いた。議長は以下のように言う。「連絡帳を出してください。今から5分間で，今年の運動会のスローガンによいと思う言葉を書いてください」「このあと，全員に聞きますので，答えてください。近くの人と相談して考えてもよいです」。このようにする

ことで，子どもたちも話し合いに能動的に参加せざるをえなくなり，緊張感も生まれる。

　「一人一人が意見をもつ」ということが話し合いの大前提であると考えるから，このようにさせているのである。そのうえで，自分よりよい意見や自分の思いと同じ意見を推薦していくのである。学習の中でも，同じようなことが言える。「自分の意見の所属を決める」ことが話し合いの前提である。また，その意見を決めた理由も言えるようにしておく。これらのことは，話し合いの授業を組織する際の「基本中の基本」であると私は思う。

　最近の国語の学力テストなどにも，このような「話し合い」の学習場面などは多く出てくる。こうした活動を繰り返すことで，子どもたち一人一人が「話し合い」の意味や考え方を正しく学んでいくことにつながる。

## 1時間の授業に必ず「考える」場を！

　1時間の授業の中で，子どもが「考える」場面を必ず入れる。これは，もう当たり前のことであろう。では，どの

ように「考える」場をつくるのかということであるが，それは，教科によって，学習内容によってそれぞれ違う。社会科であれば，グラフや図を見せてそこから分かることをまず考えさせたり，理科であれば，実験の予想や最後の考察場面で。算数は，最初に今日の課題を考えるなかで，また練習問題をさせていくなかで，考える場をしっかりとつくれる。国語では，やはり学習課題を精選・吟味して，「課題について考える」学習を組織するようにしないといけない。そうすることで，子どもたちは，自分の考えや解き方と友達のものを比較することによって，どのように考えるとよいかを能動的に知ることになる。

　本書の巻末の付録にもこのような授業づくりの例を載せてあるが，「子どもの思考力を鍛える授業」づくりをより多く考えていくことが求められる。子どもたちが「より考える」ようになるためにも，まだまだ工夫が必要である。

　また，一人で考えるだけでなく「共に考える」という，もっと自由に協同的に考えを導き出す方法を取り入れることも，日本の教育ではもっと考えていかなければならない。

　オーストラリアの小学校にいたときに，1年生の子どもたちが，「量」のつり合いの学習を進めている授業を参観した。大きな天秤にブロックを何度も入れ，友達と試し合って，つり合いをとっていた。その場で出てきた子どもたち

なりの法則を教師は全体場面で取り上げ、まとめていた。

「一人で考える」場だけではなく、友達と「考え合っていく」場も大事にしていくことが重要である。

## 「流さない」「逃さない」授業づくりを！

「流さない」「逃さない」授業づくりとはどういうことかといえば、それは上述したように各授業で「考える場」をつくることであるが、それだけではない。すべての子どもがその学習課題に対して「自分の考え」をもったかどうかを確認することである。

私は、授業後に二つのやり方でそれを確認する。

一つは、課題や練習問題が終わったら持ってこさせて、教師が添削をすることである。このことで、「先生のところへ持っていかないと終われない」と思うのである。そうすると、そのうち、まだ学習内容を理解していない子は、誰かに聞こうとする。私はその子たちが、分かったふりをして答えだけを書いてしまわぬように、すぐに次のように声をかける。

「先生に○をもらった人は，こんどは先生役になってやり方を教えに行ってください。ちょっと自信がない人，手をあげて」と言うと，数人が手をあげる。そして早く終わった子に教えに行かせる。これが「流さない」「逃さない」授業の終わり方の一つである。このかたちを行うことで，「教え合う」という関係も醸成できるし，できないで不安になっている子にも必ずできるようになるという安心感を与え，学級全体で学習課題を分かっていく学習を積み重ねていくのである。

　もう一つの「流さない」「逃さない」授業の終わり方は，ノートを集めることである。子どもが長く文章を書いたときや感想などがあるときに，このやり方をよく使う。そのノートを添削して，次の学習の際の参考にしたり，導入に使ったりする。子どもたちは，自分が書いたものを先生がちゃんと添削してくれることで，書いたことが無駄でないことを知り，書くことに対するモチベーションを保ち続けられる。一番悪いのは，「書きましょう」と教師が言っておきながら，その書いたものを教師が見ないで終わることである。このことは，子どもの「書く」ことへの意欲を大幅に減退させることにつながる。

　最近の学力テストは，「書く」ことに重きを置いた内容が多く，子どもの「書く」意欲が失われることは，完全に

学力ダウンにつながるのだ。その意味でも,子どもに「書くこと」への意欲を持続させることは,学力アップのための絶対的条件であると言ってもよい。

鉄則5

# 「基礎・基本」の授業と「活用」の授業を
# はっきりと意識して行うこと

　学習指導要領が改訂され,「基礎・基本」の学習と, その「基礎・基本」を「活用」させる学習の位置づけが, これまでになく明確になった。しかし, 実際に授業をしてみると, 教えることすべてが「基礎・基本」のようであり, 既習内容を活用しながらまた「基礎・基本」を学ぶ場も多く, それほどはっきりと「基礎・基本」と「活用」の学習を分けることは難しい感じもする。「基礎・基本」「活用」のどちらの授業にも言えることだが, 子どもたちに, ただ答えだけを求めるのではなく, その思考過程も大切にしていこうとする姿勢が教師には必要になる。より深い学習の中で子どもたちに, しなやかな「考え方」を身につけてほしいという願いのこもった学習指導要領の改訂であることは間違いない。私たち教師は, 学習指導要領の趣旨を生かした授業づくりをしていくことが求められている。

## 授業時間で確実に「基礎・基本」を使いこなせる子どもに！

　今は昔と違い，先生方の指導の仕方もじつに丁寧になったと思う。また，そうせざるをえない時代の状況もある。ただ，そこで落としてはならないことは，「習ったことは必ず使いこなせるように」の意識を子どもたちに徹底させることである。そのためには，「今日の１時間の授業で『基礎・基本』を必ず分からせることを目指す」という，教師の強い意志が必要である。また，最低でもその１時間の中で，１回は習ったことを使って，子どもたちが問題や課題を自力で解く場面をつくらなければならない。できるなら，２回，３回と繰り返して練習する場面をつくることができるとなおよい。その１時間の最後には，必ず教師が，子ども一人一人の理解度をチェックする場面も必要となる。終わった子から教師にノートを持ってこさせるでもよいし，授業後に全員のノートを集めて添削するでもよいが，この過程は「基礎・基本」の理解度をチェックするためにも必須である。

　教えるだけ教えたので，「あとは宿題で練習しておきま

しょう」などという考え方では，宿題をしない子も出てくる。「教えるだけ教えて，練習は後で」という教師の姿勢は，教師が子どもに抜け道をつくっているようなものである。そこに子どもの学力を落とす教師の甘さが見えてくるのだ。

　だからこそ，授業が勝負なのである。授業中に分からせてあげること，その時間で練習問題をやらせてできるようにすることがなにより重要である。そのために，私は次の3つが肝心だと思う。

1）1時間で1つのねらいを徹底する（欲ばらない）
2）「解法のポイント説明」「練習」「まとめ」の時間は必ずとるようにする
3）理解させないといけない内容は必ず練習問題をし，終わったノートを提出させる

このほか，自律的に家庭学習ができる状態にしておくこと（ドリルを持たせるとか「家庭学習のすすめ」のようなものを配付して家庭学習の仕方を示すなど）が大切である。

　このようにして，「基礎・基本」を使いこなせる子どもたちを育てていく取り組みを徹底することが肝心である。

## 子どもにとっての「活用」授業は，教師の授業づくりの「活用」！

　既習内容を活用させる授業づくりで一番大切なことは，「今日の『活用』の授業は，既習内容のどの部分をどのように『活用』させるものなのか」「その『活用』のさせ方には，何通りの『活用』のさせ方があるか」などを教師が事前に把握しておくことである。簡単にいうと事前の教材研究である。

　私はこれまで5年間，「活用」の授業づくりを研究的に行ってきたが，「やはり子どもはすごいなあ」と感心することが多々あった。教師が考えもつかない解き方で問題を解いたり，子どもらしく，やわらかな表現で正しいことをズバッと言い当てたりする。「活用」の授業では，そんな子どものすばらしさを再認識させられることがよくあった。その意味で，「活用」の授業は教師の醍醐味を味わえるものでもあると，私は感じている。だから，教材研究もおもしろい。「あの子は，どんなことを言うだろう」「この問題を読んだら，何人の子どもたちが，『よし，やろう』と感じてくれるだろう」などと考えながら教材研究をしている

ときは，一番ワクワクする。教師自身もさまざまな解法を考えたりしながら，他の教師から自分が気づかなかった意見をもらったりすると，「なるほど」と思い，また考えを深める。じつはこの過程自体が，教師としての授業づくりの「活用」の場面なのかもしれない。教師がこの過程を必死に考えて，学んだことを「活用」させる授業を子どもに提供している学級は，子どもたちも学ぶことに真摯で，「考えること」を楽しむ雰囲気ができている。

このような教師の姿勢も，子どもの学力を高める大きな要因となるのだ。

## 「思考力・判断力・表現力」を一体に考えて！

学習指導要領では，「思考力・判断力・表現力」を培うことを，今回の改訂の大きな目玉にしている。研究熱心な教師は「思考力とは？」「判断力とは？」「表現力とは？」とすぐに考えたがるが，私に言わせてもらえば，そんなことはどうでもいい。大切なことは，「子どもにしっかりと考えさせ，その子に自分なりに自分の考えを書いて説明で

きるようにすること」、それができればいいのである。私はそれで「思考力・判断力・表現力」を培うことをクリアしていると思っている。子どもに「基礎・基本」が身につき、それを使って「思考力・判断力・表現力」を鍛える学習を行うことが「活用」の学習であるが、そこで教師が自分の授業のやり方をじっくりと考えていくことが、なにより子どもたちに「思考力・判断力・表現力」を培っていくことにつながるのだ。

難しく考えないで、基礎・基本を活用した学習課題を子どもにじっくりと考えさせることが、「思考力・判断力・表現力」を養い、鍛えることにつながると考えればよい。

## 「活用」の学習場面は、「単元途中型」と「最終ステージ型」で行う

思考力を鍛えるための「活用」型の学習には、大きく二つの型がある。

一つは、単元の途中で前に学習した「基礎・基本」を使って次の「基礎・基本」を習得するための「活用」の学習である。たとえば、5年生の「図形の面積」の学習で、平行

四辺形の面積の求め方を使って，三角形の面積の求め方を導く場面などが，それに当たる。

　同じ三角形を二つ，互い違いに合わせると，平行四辺形になる。平行四辺形の面積の求め方は，（底辺）×（高さ）なので，そこでまず，三角形二つ分（平行四辺形）の面積を求め，後で三角形一つ分にするために「÷2」をする。だから，三角形の面積＝（底辺）×（高さ）÷2　となる。

　これは，子どもたちが自分のこれまで習った「基礎・基本」（平行四辺形の面積の求め方）を活用して，次の段階である三角形の面積の公式の意味を導き出すものである。このように「既習の『基礎・基本』→『活用』→新たな『基礎・基本』の習得」という場合の「活用」の学習が考えられる。

　もう一つの「活用」の学習は，私が「最終ステージ型」と呼んでいる，各単元の最終段階で，これまで学んだすべての「基礎・基本」を使って，問題を解いていく「活用」の学習である。本書の巻末付録の「資料3」（p.131）に載せた5年生の「図形の角」の指導案では，この「最終ステージ型」の「活用」の学習場面を取り上げている。

　ここでは，これまで「三角形の内角の和」「四角形の内角の和」「多角形の内角の和」について，どうしてそのようになるのかというメカニズムまでも分かりながら，「基

礎・基本」を習得してくる。そして最終段階で、「自分で図形の角をつくり、友達に出題する学習」を行った。それぞれが問題をつくる際には、必ず自分で解き方や答えも出してから、友達に問題を出すようにしている。これは、これまでの学習で子どもが習得した「基礎・基本」を、こんどは「問題づくり」というかたちで、その「基礎・基本」を反芻しながらより確実なものとして覚えていったり、より難しい問題をつくって、複雑な図形の角を求めたりしていくものである。

　これは、単元の最後に既習の「基礎・基本」を総合的に使いながら、自分で考え、判断し、表現していくものである。その意味では、これも全国学力テストの「Ｂ問題」につながる大切な学習である。最近は、このような学習が、教科書の単元の終わりにもついているようになった。

　今、紹介したような「活用」の学習は、もう５年も研究的に行っている。このような学習を繰り返すことが、子どもたちの「思考力・判断力・表現力」の育成、並びに全国学力テストの結果にも大きく寄与することは、証明済みである。その意味でも、「活用」の学習を丁寧に行っていくことは、必ずや学力の向上につながる。

### 鉄則6

## 「学力，学力」とムキにならないこと

　教師側が「学力，学力」とムキになると，「しっかりと子どもに理解させないといけない」ということを焦って考えるようになる。そのような教師は必ず，練習問題をたくさん用意して，子どもたちにやらせるようにする。ひどいときには，子どもができないくらい多くの練習問題を宿題に出す教師もいる。この焦りは，かえって子どもたちから「問題を解く」意欲をそいでいくことが多い。できる子どもたちはそれでもやるかもしれないが，理解が遅い子ややる気のない子は，そのまま宿題もやらず，「だって，わかんないもん」を繰り返す悪循環に入る。その問題の答え合わせをしたときに，はじめからマルつけをする気もなくなるようなら，マイナスでしかない。

　一番大切なことは，子どもが緊張して集中して「解く」活動が，どの子にもできるようになっていくことである。

## 「考えている」子どもへの賞賛を忘れない!

　よく「子どもはほめるとよい」と言われる。そこで，手当たりしだいにほめる。そのうち子どもはつけあがってきて，教師の言うことも聞かなくなる……こんな経験はないだろうか？

　学級全体の学力を上げるために大切なことは，できる子をほめたり，人よりすばらしいことを言った子をほめたりすることではない。「その子が，考えている姿」をほめるのだ。

　これは，当たり前のように聞こえるが，なかなか授業中にできる教師は少ない。なぜかというと，学級の一人一人の子どもに即してほめないといけないからだ。子どもたちには，理解の早い子もいれば，理解に時間がかかる子もいる。すぐに解法や考えを書いている子もいれば，なかなか解法が思いつかない子もいる。その子一人一人の考えている姿が，その子一人一人の以前の姿よりも進歩していることをほめないといけないのだ。

　以前にただ「分からない」とだけ書いた子が，「〇〇の

ところが分からない」と書けば、以前より進歩している。「○○のところ」と具体的に表現できたことがすばらしいのである。「一つの解法で解いた子」には「二つの解法で解けたこと」をほめてあげるのだ。

そして、みんなで考えを出し合った後に、「みんなが一生懸命考えてくれたことがすばらしい。また、学級のみんなの意見があって、お互いに分かることができたことがすばらしい」ということを子どもたちに語っていくことが、子どもが「考える」ということを好きになる大きな起爆剤となる。

## 子どもに学力をつけたいなら、教師が多くの問題を解け！

「子どもに学力をつけないと」と思うと、つい子どもにさせることだけを考えがちになるのが、教師の悪い癖である。

私はつねに、子どもたちが学力テストを行っているときには、子どもと一緒に自分も問題を解いている。もしくは、学力テストが終わってから解いている。「はあ、なるほど、

『活用』の問題になると,こんな問題が出るんだ」と感心することもある。このように,教師が子どもの解く問題に当たる（解いてみる）ことは,絶対にしておかなければならないことである。子どもたちが今,どんな問題を解いていて,どんな問題によくつまずき,よく間違えるのかを知ることで,次の指導に生かすことができるからである。

　また,私はよく有名私立中学校の入試問題を解いたり,塾で扱っている問題集を買って読むこともある。教師自身が子どもたちよりも「問題慣れ」していないと,今の時代,子どものほうが先へ進んでいってしまうことも十分考えられるからである。

　教師になるとすぐに,「教授法」についての研修がどこでも始まる。長い人は,退職するまで「教授法」の研修にいそしみ,「教え方は難しい,奥が深い」と言い続ける。しかしそういう人にかぎって,今子どもたちが解いている問題すら解けなくなってしまうようなことが意外と多い。

　多くの問題を経験する中で新たな授業づくりのヒントを見つけることが肝心である。

## 教師がアンテナを高くはり，広く受信すること

　今の時代，いろいろなことが，瞬時に起こる。よいことも悪いこともである。学校だけでなく，社会のあちこちで，人間が生きているさまざまな場所でことが起こる。私たち教師は，そのことをできるだけ早めに多く知っておく必要がある。

　「教師は専門のことしか分からず，社会事情にうとい」などと世間知らず呼ばわりされることが，巷ではよくある。こちらが心外だと思っても，そういう見方をする人は多い。私はそれに対して，絶対にそうなりたくないと思い，努力している。

　たとえば，「1ドル88円」「円高」「インフレ」などという言葉を，子どもにきちんと説明できるか。「イスラエルとパレスチナ」の問題が歴史的にどうして起こってきたかを説明できるか。

　これらのことは，小学5年・6年の社会科の学習とも関係があるのだ。授業ではそこまで深く取り上げないとしても，それらのことが分かっているかいないかで，通り一遍

に終わってしまう授業になるか，子どもたちが食いついてくる授業になるかが決まると言ってもよい。つねに高いアンテナをはり，社会の「今」を広く受信し続けようとする姿勢は，教師の知的教養の一部としても大変重要なことである。

　子どもたちは知的好奇心が旺盛で，大人たちが思っている以上に，社会一般で起こっていることやさまざまな物事のメカニズムを知りたがっている。私は，朝の会で「今日のニュース」という時間をつくっている。子どもたちは，家の近所で起こったことからテレビのニュースで聞き知ったことまで，多岐にわたって言い始める。事実しか言えない子がいると，その背景を他の子が語る。この時間は，子どもたちに，「社会とつながって学校があること」を意識させるためにも，私は大切な時間だと考えている。そんな知的・文化的な場も，学校には残していきたい。

## 鉄則7

## 「教師と子ども」ではなく，「人と人」との対話を心がけること

　「大人と子ども」「教師と子ども」という関係はあっていい。いや絶対にあるべきだ。私はこのような関係を否定しているのではない。しかし，私が本書で問わないといけないことは，「では，子どもと『人と人』との関係で対話するとはどういうことか」ということである。

　よく学校で子どもたちから問題にされるのは，先生方が教務室でお菓子を食べていることである。「なんで先生方は，お菓子を食べているの？」「ぼくたちが食べるとダメなのに！」と教務室清掃当番の子どもが言ってくる。たぶん，教務室の机にお菓子が置き忘れていたりしたのを見たのだろう。それを聞いたちょっとなまいきな子が，はやしたてる。「そうだそうだ，なんで先生ばっかり。ずるい」。そのときに，学級担任のあなたはどう答えるか？「えい，うるさい。先生は大人，あなたたちは子どもだからだよ」と答えるか。それとも「先生は働いている人，あなたたちは勉

強する人，働いている人はいいの」などと答えるか。私が子どもだったら，やはり納得がいかない。今はそれが子どもから親に伝わり，親から学校へのクレームとして上がってくる時代である。

　ここで大切なことは，矛盾をはらんだ勝手な「教師と子ども」の関係を，いつの間にか子どもに押しつけていないかということである。今の子どもは，教師のゴシップや教師の不手際などにも非常に厳しい。なかには，まじめにやっている教師をも罵倒するような言動も聞かれる。それにいちいち腹を立てていると，こちらが負けてしまうことになる。そこで大切なことは，大人（良識者）としての品格をもって，丁寧に対応することである。このときに，「教師と子ども」という上下関係ではない，「人と人」という対等な関係を築いている教師ほど，冷静に子どもをいさめることができる。またそういう学級ほど，教師の優しさが伝わっていて，人に寛容で，少々のことで動じない学級の雰囲気ができあがっているのである。先ほどの教師のような回答をした担任の学級は，教師への不信感とストレスを抱きながら，少しずつ学級崩壊への道につながっていくのだ。

　先ほどの教務室のお菓子にまつわる子どもの質問への私の回答は，次のとおりだ。「あっそう，そういう人がいた？わかった。言っておく。さあ，勉強しよう」。これで終わりだ。じつは，ここに「人と人との対話」があるのだ。その後，教頭に具申し，教務室の清掃は教師がやるとか，教師はぜったいに机の上にお菓子を置かない，ゴミ箱にもお菓子の袋を不用意に捨てない，といった対処を教師間で徹

底することが大切だ。

　子どもの不満を大きな声で一喝するのではなく，子どもが今，何に理不尽さを感じているのか，どの点について胸襟を開いて真摯に話し合えば分かり合うことができるのかを冷静に考えられることが，肝心である。

　教師のこの「人と人」との対話が，教師に対する不信感を払拭し，子どもたちに「学習が大事！」ということを意識させる。このようなたわいもないことから，子どもと教師の間のバトルやエネルギーの無駄を生み出すことなく，つねに学習を第一義に行うことができる。そのために，子どもが理不尽だと思っていることで人として正当なものや，子どもや保護者からの相談事に対しては，「人」としての常識で対応していく。このような大人のやりとりができる教師の学級では，学級全体の学力も必ず上がっていくものだ。

## 落ち着いた話し方と丁寧な言葉づかいを！

　教師が落ち着いた話し方と丁寧な言葉づかいをすることは，当たり前のことであろう。公人としての立ち居振舞いは，ふだんから私たち教師が意識していかなければならないことである。

　子どもは教師の言葉づかいをよく聞いている。その教師がどんなことで怒り，どんな言葉を頻繁に使い，どんな話し方の癖があるかまでちゃんと見抜いている。私たち学級担任は，子どもに分かりやすく，なおかつ，ときにユーモアをもって，子どもたちに話しかけていかないといけない。最近の子どもたちは，聞いていても「おもしろくない」と，すぐに飽きて手いたずらや，ひそひそ話を始めるからである。

　また，子どもたちの名前を呼ぶときに，「～さん」と男女問わずに言えるようになっているだろうか。ジェンダーフリーや子どもの人権などに配慮するならば，このことはいまや教師として当然のことである。

　教師がこのような丁寧な話し方を心がけることは，子ど

も一人一人の聞く力を育て、子どもの思考力を育てる際にも大きな影響を与える。

　よく見られることだが、急に怒鳴ったり、つねに大きな声で話す教師の学級の子どもたちの成績は上がらない。静かでよく話を聞いている学級の子どもの成績は上がる。これは、丁寧に落ち着いて学級担任が話すことによって、子どもたちに「集中する力」や「聞き取る力」を自然に身につけさせているのだ。落ち着きのない学級担任のクラスでは、子どもも落ち着かず、担任も声を荒げ、そのことがかえって子どもの集中力や思考力を落としていることに気づくはずである。

　だからこそ、学級担任は話術を磨き、丁寧な言葉づかいを心がけることが必要だ。私は、若い頃から寄席をよく聴きにいった。寄席の演者の話し方や話術、身ぶり手ぶりをよく見ることは、教師としての話術を磨くうえでもよいトレーニングにもなると思う。

## 知的な話をたくさんする

　子どもの学力は，子どもの知的好奇心に支えられている。このことを念頭に授業を組み立てていくことが求められる。今回の学習指導要領改訂の際に重視されたPISAのキーコンピテンシーも，この考え方に立たないと育てることができない。

　だからこそ，学級担任や教科担任は知的な話をたくさんして，子どもの知的好奇心を育て，意欲的に学習に向かわせるようにしなければならない。しかし，ただ「知的な話」をすればよいのではない。授業はつねに，各教科のねらいと指導事項に基づいて行われなければならない。そのなかにふさわしい話をして，子どもたちを学習に引きこまなければいけないのである。たとえば，5年生理科の「星の動き」の学習の際に「地動説」と「天動説」の話，6年生社会科の「大昔の人々の暮らし」で邪馬台国の「九州説」と「畿内説」の話，5年生算数の「円」学習の折に円周率「3.14…」の意味を話しながら，今なお円周率を研究し続けている人たちがいること等々。挙げればきりがないが，このよ

うに，子どもたちに知的好奇心を抱かせる場面はたくさんある。そのためには，ただ教科書を読むだけで終わらず，教師が事前に準備しておくことが非常に大切だ。

以前，5年生の算数「円」の学習で，2週間前に新聞に載っていた「円周率を求め1兆ケタ！～ギネスに認定～」という新聞記事を子どもに見せて，「3.14…」という円周率が未だに確定せずに，必死に研究している人の話を紹介したことがある。翌日，子どもが家でインターネットで調べたという円周率のリストを私に手渡してくれた。

このように，日々の授業の中で，その学習がどんな意味をもち，今はどんなことによく使われているかなどを子どもに語ることで，子どもは授業に引きつけられ，より詳しく知りたくなる。その意識を育てることが，学級全体の学力向上を底支えするものともなる。

鉄則8

# 専門研究だけにかたよりすぎないこと

　全国学力テストの問題をじっくり解いたことがあるだろうか？　どんな教師も，その年の全国学力テストの問題を，一度は真剣に解くべきである。あの問題を子どもたちは，いやでも真剣に解かせられるのである。教える側の私たち教師は，それを他人事と思っていてはいけない。よく「私は低学年の担当だから」とか「ぼくは体育が専門だから」などと門外漢のような発言をする教師もいるが，これではまったく問題外である。

　全国学力テストの問題は，今の日本の子どもたちに求められている学力がどの程度身についているかを測るものである。教師自身がその問題の傾向をつかみ，その問題を解けるような子どもたちを育てるために日頃からどのような指導をしたらよいかを考えることが必要であり，授業場面でそれを実践する必要がある。低学年の担当であっても体育が専門であってもそれは同じで，その学年，その教科で，

思考力を伸ばすための指導を行っていかなければならないのだ。

　全国学力テストの問題には，体育の「バスケットボールの攻め方の話し合い」や音楽の「2分音符や4分音符のとらえ方」，小学校中学年で学んだ「わり算のあまりを確かめる」問題など，他教科・他学年の内容に関連する出題も多い。その意味では，すべての教科・領域，すべての学年で，子どもたちの思考力等を伸ばすことが求められるのだ。

　自分の専門の教科以外の授業はいまひとつという教師を見かける。教師が専門を研究し，つきつめる姿勢は尊いものであるが，主役は目の前にいる子どもたちである。目の前の子どもたちの多くの笑顔のために，できるだけ幅広く，質の高い授業づくりのできる教師であることが必要である。

## 専門研究の落とし穴

　最近,こんな話を聞いた。「総合的な学習の時間」(以下「総合」という)の研究実践を積み重ね,地域で注目され,またマスコミにも取り上げられるような実践をした教師が転勤し,新しい学校へ行って「総合」の研究実践だけをがんばっていたら,学級が崩壊状態になったという話である。他にも,有力校で多くの実践の成果を残した教師が,他の学校の高学年を受け持ったら,立ち行かず休職したなどという話を聞いたこともある。

　教師はそれぞれ専門の教科をもち,自分の研究の成果を研究授業や実践報告書などのかたちで発表する。そこで名を上げた者が,教師という狭い世界で次のステップに上がっていく。しかし,このような教師の世界の常識は,そろそろ通用しない時代になってきたと考えるべきではないか。

　学力テストの結果に一喜一憂することの是非はさておき,「全国学力テスト」の導入にともなって各学校の順位差や各地域の順位差,各都道府県の順位差までもが問題とされ

るようになった今, 学力テストの結果は客観的にその学校, その教師の取り組みを評価してしまうものとなった。

そのようななか, 教師たちは専門教科の研究ばかりを追究してはいられない時代となっている。また, 保護者の目線から見れば,「うちの子の学力を上げてくれる先生か否か」が大きな関心事であり, その教師の「専門」などどうでもよい。

冒頭であげた話は教師仲間としてはとても残念なことだが,「総合」を上手に教えられるならば, 他の「算数」や「国語」, さらに「生活指導」「生徒指導」までもしっかりと行える教師でなければならないのだ。その意味では学力テスト主義の台頭により,「自分の専門教科だけすばらしければいい」という時代は終わりを告げたと考えるべきである。

## 広く他教科の取り組みをヒントに！

私は最近, 他の教科の授業の展開が別の教科の展開に生かせないかをよく考える。そのことを考えて授業展開を変えた例を一つ紹介しよう。

「問題づくりをしよう」という展開は，算数の学習ではよく見られる。しかし，国語にはこれまで，子どもたちが問題づくりに取り組む活動はあまり取り入れられていなかった。国語の物語文や説明文の学習では，まず一読し，初発の感想を子ども自身が書く。これが，定番中の定番で，どの教師用指導書もそのかたちが多かった。しかし私は，子どもたちが教材文を最初に一読した後，教科書を閉じさせ，「今，読んだなかから問題を３つ考えましょう」と子どもたちに発問するようにした。

　子どもたちは，１回（家で予習してきた子どもはもう少し読んでいるが）読んだなかから，自分で問題をつくる。これはとても難しく，頭を使う作業である。一読して大意をつかみ，その流れを記憶できる子どもは，より深い問題をつくる。注意力がなく，なかなか文章全体を理解できない子は，瞬間的な一問一答のような問題をつくる。しかし，その問題をお互いに出し合うことで，一読した自分の理解の深さの程度を子どもたち同士で実感することとなる。

　じつはこれはアニマシオンの手法でもあるのだが，これは，集中力を高めて文章を読みこなし，読解力を鍛えていくことにもつながる。全国学力テストで出題される国語の読み取りの力を鍛えていくためにも有効であると思う。

　今までは，国語の始まりの１時間は，「物語文を読んで

感想を書きましょう」などと投げかけて、「〜のところがおもしろかったです」などといった感想をただ書かせるような、緊張感のない授業を行ってきたが、この国語の「問題づくり」の活動では、最初の時間から子どもたちは頭をうんと使って問題を考え、互いに問題を出し合う。また答えるために考える——という、子どもがずっと「考える」時間になる。この授業を何度も繰り返していると、子どもたちは一読してより難しい問題を考えられるようになる。また、友達の問題に答えられなかった子どもは、もう一度教科書を見て、より深く読み取ろうとする。

今述べた例は、子どもに学力をつけていくための授業改善の一例である。このように、他教科や他領域、他の活動からヒントを得て、子どもたちがつねに「考え合う」授業づくりや学ぶ力を鍛える取り組みを工夫していく必要が、もっとあるのではないか。

## 他の教師の授業から「盗む」意識で！

他の教師のテクニックや授業の進め方などをたくさん見

せてもらうことは，大切なことである。研究授業であってもふだんの授業であっても，つねに「自分にないものはないか？」という視点で見せてもらうことが大切である。批判的な視点ばかりでなく，「教師としての自分にないものを探すために」という視点で見せてもらうのだ。教師同士の協働性を高めていくためにも，気軽に声をかけ合って互いに切磋琢磨できるとよいと思う。

　学力を高めるためということであるなら，「どれだけ子ども一人一人が考えているか」という視点で見ていくことも重要である。掲示物に子どもの考えの軌跡があるか，どのような考えさせ方をしているかなどの視点から見ていくのも，参考になる。その教師が受け持つと必ずその学級の学力テストの成績がよくなるという教師がいるが，その教師はどのように学級づくり，授業づくり，子どものしつけをしているのかを見せてもらうと，必ず参考になるものがあるはずだ。

　教師自身が恥ずかしがらず，自分の学級も他の教師に対して開き，互いに勉強し合える教師集団をめざしていこうとする意識は，必ず子どもたちにも伝わる。意外と子どもは見ていて，学級担任が自分たちに「考えさせる」授業をしてくれていることを分かっている。それは必ず，子どもたちの学力向上にもつながる。

鉄則9

## 子どもに「あなたにはすばらしい能力がある」と言い続けること

　私は小学校教師である。二十年以上もこの職に就いていると，自分が教えた子どもがいっぱしの大人になって私に会いに来ることもある。そのときにやはり私は小学校の教師として，子どもたちに「あなたたちにはすばらしい能力がある。だから自分を信じて目標に向かってがんばり続けなさい」と言うことが，なにより大切であることを実感する。

　まだ12歳の子どもが，これからどうなるかも分からない。もしかすると，眠っていたすばらしい才能をこれから開花させるかもしれない。また，自分が教師として受け入れられなかったその子の嗜好や趣味が，思わぬところで花を開くかもしれない。その意味では，「簡単に子どもの『今』を否定してはいけない」とあらためて感じる。

　未来の子どものことを予想できないから適当にそう言うのだろうと思うかもしれないが，そうではない。こうした

言葉を聞いた子どもは,「もしかしたら,ぼくには,がんばれば能力はあるのかもしれない」「この先生は,ぼくに何かを伝えようとしているのかも」などと思うものである。今まで勉強もできず,先生に怒られてばかりきた子どもは,特にその教師の態度の違いを感じて,やる気になるのだ。子どもたちが自分の将来に希望をもち,学習や学校生活に意欲的に取り組めるよう,いわば暗示をかける意味でも私はこの言葉を使っている。

　これまで私は,学級崩壊後のクラスの立て直しや,問題行動の多い子どもを受け持つことが多かった。そうした子どもたちが立ち直り,前向きになる瞬間を,私は見てきた。また,そうなるように演出してきた。

　ある学校で,6年生の学級担任になった。すると,「先生たちなんて嫌い」「勉強はもういや！」「なんで先生たちだけいいの？」……こんな口調で,愚痴や不満を言い続ける子がいた。私はその子に「あなたはすごいね」「本当によく人を見て,自分の『今』を感じているんだね」と言い続けた。するとその子は,「私,今までそんなふうに先生にほめられたことはない」「先生って,へんな先生だね」と私に言った。それ以来,その子はなぜか私の言うことを受け入れるようになり,一生懸命に勉強する子になった。中学校でもバレーボール部の部長を務め,前向きに物事を受け入れる子になっていった。

　その子が高校入試に受かった後に,私に手紙を送ってきた。「先生,無事に念願の高校に入ることができました」と。その手紙の最後には,「先生,いつまでも私の先生でいて

ください」と書き記してあった。12歳で出会った一人の人の道標に、私はなれたのかもしれないと、一人で涙したことを覚えている。

　子どもの「今」を変えるために、新しい自分づくりを模索させるために、「あなたにはすばらしい能力がある」と言い続けること、これは必ず、子どもたちの学力だけでなく、これからの人生を変えさせる力となるはずである。

## 「『今』でその子が決まるわけではない」ことを教師自身が自覚し続ける

　「子どもは『今』で決まるわけでない」と教師自身が自覚し続けること。これは，教師の焦る気持ちを抑える効果がある。教師もやはり，人の子。子どものことを興奮して叱りつけることもある。しかし，それでも子どもは意外と変わらない。こんな経験をしている教師は多いはずだ。よく見ると，興奮しているのは教師だけで，子どもは「またいつものことか」ぐらいにしか聞いていないときも多い。そんなとき，「『今』でその子が変わるわけではない」のだから，と自分自身に言い聞かせると，興奮もさめるものだ。

　この冷静さは子どもたちの学校生活にとって，とても大切なものである。私も，生活面で子どもたちがだらだらしているときに大きな声をあげて叱ることがある。しかしその後，その叱ったことの意味を子どもたちに諭すように伝えるようにしている。高学年の子どもであれば，大人の社会でのルールなども伝えながら。大声で叱咤激励することもいわば計画的に仕組んだ一つのパフォーマンスで，案外冷静に「この話を聞いたうちの何人が，これからの行動を

変えられるのかな」と見ていられるようになった。これも，「『今』でその子が決まるわけではない」という考え方を持ち続けているからである。

　ただ，一つ言っておかなければならないことは，「『今』で子どもが決まるわけでない」から教師として手を抜いてもいい，ということにはならないということだ。やはり自分が教師として，大人として，社会を生きる先輩として，ダメなものはその場でしっかりと「ダメ！」と言ってあげることは，教師の最低限の使命である。

　私が言いたいのは，もっと教師としても「知的に高い自分の立ち振る舞い方」を子どもたちに見せるべきだということである。子どもたちが「あの先生，ただうるさいだけだ」とか「あの先生，悪いことしてもぜんぜん怒らねーの」などと言っている姿を見かける。子どもたちは，ちゃんと「この先生は，筋が通っているか否か」を感づいているのである。その子たちの感覚を見据えて，それよりも知的に高いパフォーマンスができる教師のもとでないと，子どもたちはついてこない。その意味で，「『今』でその子が決まるわけではない」と自覚しながら，より高い教師の言動の見せ方を考えられる教師になることは，子どもをしつけるという面から非常に重要で，教師の高度なテクニックにもなるであろう。そのような教師がいる学級の子どもたちは，

学力も必ず向上するものだ。

## その子の優れている面をしっかりと伝える

その子の優れている面を伝えることが学習意欲へとつながることは，間違いない。ただしそれは，成績のよい子だけを「〜ちゃん，すごいね。すばらしい」とほめることではない。むしろこれは，やってはいけないことだ。

学級全体の学力を上げていくためには，すべての子どもの学習意欲を高めていくことがなにより大切になる。そのために大事なことは，「その子その子のよい面を具体的に伝えてあげること」である。

たとえば，学級にファッション感覚に優れ，おしゃれが得意な子がいる。ただ，ちょっと大人びていたり，小学生としては行きすぎた格好をしてくることも多かったりする。それでも，その子のファッションセンスが，図画工作の色づけの仕方などにいいかたちで出てくる場合がある。その際には，「あなたのこの色づかい，とてもいいね。もしかすると，この方面の才能があるかもよ」などと伝えると，

その子は俄然，その先生を肯定的に受け入れるようになり，その先生の教える学習にも力が入る。

このように具体的にその子の優れている点を発見し，心から伝えてあげることで，子どもたちは，その教師の授業に積極的になるのだ。そういう子どもを増やしていくことは，学級全体の学力を上げていくうえでも大切なことだといえる。

## 「自律と自己責任」の考え方を子どもに意識させる

子どもの優れている点を伝えることが大切だとはいうものの，子どもたちのふだんの様子を見ていると，そうそう子どももいいところだけとは言えないと考えている教師も少なくないだろう。「うちのクラスなんて，大変よ。離席する子はいるわ，他の子にちょっかいかける子もいるわで，大変よ」などという言葉が，今にも聞こえてきそうだ。確かにそのとおりで，毎回毎回「あなたはすばらしい！」などとばかり言っていられない現実もある。

だから，私は，子どもに直してもらいたいことも，はっ

きりと分かりやすく言うようにしている。あるとき，授業中でも気持ちがのってくると鼻歌を無意識に歌いだす子がいた。無意識にしていることで悪意はないし，「鼻歌くらい」と許してしまいたくなるかもしれないが，他の子の学習の妨げになる行為であることは間違いない。私はその子が鼻歌を歌っている瞬間をとらえて，「今，歌っていたでしょう。他の子の学習の迷惑になるよ。自分の動きを意識するように」とはっきりと指摘し注意を促した。

かつてNHKの特集番組で「学級崩壊」を放映したことがあった。そこでは，なんとも残念な光景が広がっていた。大の大人である教師が，子どもの離席や授業中の遊びを止められないのである。そこには子どもの不適切な行動を制止できずに戸惑っている教師の姿が映し出されていた。

教師は，教えるべきところはとことん教え，考えさせて分からせて，子どもたちを自律させることを最大の目的としなければならないのだ。この姿勢がぶれてくると，教師の指導は混迷してしまう。

何か問題行動を起こした子どもには，つねに，他の子どもや他の人に迷惑をかけたことに対する責任を感じさせなければならない。最低でもそのことは，子どもに強いるべきである。問題行動で迷惑をかける子どもを野放しにしてしまうことなく，そのとばっちりを受けている他の大多数

の人のことも考えさせるのが、良識のある大人の感覚ではないか。

　私がかつて教えていたオーストラリアの公立小学校では、子どもが問題行動を起こすと、保護者を呼んで指導していた。また、学級で騒いだ子どもを廊下に立たせ（日本では「体罰」とされる行為である）、その責任を問わせていた。自由主義の欧米のほうが、じつは自分の責任と他者への迷惑をはっきり自覚させる教育をしているのである。これは、子どもを「自立」させることを重視する思想が背景にあるからかもしれない。

　子どものよいところは認めつつ、正すべきは正すという姿勢は、絶対にもつべきである。この姿勢がなあなあになると、学級はけじめがなくなり、子どもたちの問題行動も多くなる。当然、このような学級では、学力向上も期待できない。

## カッとしない教師になろう！
### ～子どもの思考を中断させない～

　カッとしない教師になろう。これは、先述したように、

教師がカッとなって怒っても子どもはそんなに聞いていないのだから怒っても無駄だからやめたほうがいい、ということではない。「カッとしないようにする」ことで、「子どもの思考を止めない」ことが大事なのである。

　よく授業中に、一人の子が遊んでいることに気づき、教師がカッとなって叱りつける光景を見ることがある。私はそのような状況を見ると、「もったいないな」「台無しだな」「他の子がかわいそうだな」と思うのだ。教師が大声でその子に怒鳴っている時間は、他の子にとってはどうでもいい時間になる。と同時に、これまで学習課題の解決に向かって思考に入り込んでいた時間から、子どもたちは急に現実に戻されるのだ。

　子どもの思考力を鍛え、学力を伸ばす視点で考えると、教師のこのような行動は無駄なパフォーマンスになるのだ。問題行動をとった子どもには、その場に行ってすぐにその行為をやめさせたうえで、そのまま授業を進め、授業後にしっかりと叱ればよい。私は、授業中に遊びはじめたり問題行動をしたりしている子を見つけたときには、他の子には授業を進めながら、その場でその子をずっと見続けるようにしている。その瞬間、教師に見つかったことを子どもは悟り、すぐにその行動をやめる。一言も注意しなくてもやめる。私の経験上、教師がカッとなって大声を出すより

もこのほうがよっぽど効果がある。

　子どもの思考力を伸ばしたり学力を上げたりしようと考えた場合，授業中に子どもたちの思考を止めることは，なによりもまずいことなのだ。一人の子どもの言動にカッとなってしまうことよりも，他の大多数の子どもたちの思考の場を大切にする教師でいたいものだ。

## 鉄則10

## 子どもの思考力を鍛えるストラテジーをもつこと

　「思考力・判断力・表現力」をはぐくむという今回の学習指導要領改訂のキーワードのもと、研究実践を行っている学校も多いことであろう。しかしなかには、この３つのそれぞれの力について定義づけをし、その力を伸ばすためとして、逆に授業づくりを難しくしている学校もあるのではないか。私はもっと簡単に考える。つまりは、「思考力・判断力・表現力」を伸ばすということは、子ども一人一人が「よく考えて自分の考えを表現する」ことでしかない。その授業づくりをすればよいことなのである。

　忙しい現場で日々、次の授業、次の単元に追われているふつうの学級担任、教科担任にとっては、「思考力とは何か、判断力はどんなところでつくのか」などと研究的に難しいことばかり言っていてもしかたがない。学校現場の末端では、つねに「一人一人の子どもたちに考えさせ、その考えを最低限書かせること」を求める授業であればいいと思う。

できるだけ教え込みだけでなく、子ども自身に考えさせる授業を行えばよいのである。

　また、「言語活動の充実」ということも今回改訂された学習指導要領のキーワードとされている。しかしよく考えてみると、これは当たり前のことを言っているだけである。学校の授業の主体は、子ども自身である。その子ども自身がただ教師の話を聞いているだけではなく、人とかかわり、自分で考えて表現すること、言葉にして表すことが「言語活動」なのである。また、多くの言語的なもの（本・友達の意見・教師の発問等）にふれていくなかで自分の考えをもてる子どもにしていくことが、「言語活動の充実」という表現に込められているのである。だから、あまり難しく考えずに「『子ども一人一人に考えさせ、表現させる』授業をつくろう」を合言葉に授業づくりを考えておけば、まず学習指導要領の趣旨は理解して実践していると考えてよい。

　私は、子ども一人一人の思考力（・判断力・表現力）を鍛える授業づくりを考えて、日々実践している。ただその際に、教える側がある程度の青写真をもっていないと、日々の授業はだらだらと流れてしまう。教師も自分自身の授業づくりの方向性をしっかりと考えて、表現していく必要があるのである。

## つねに「子ども一人一人に」考えさせる授業を

　先述したように,学習指導要領は子どもに考えさせ,判断させ,表現させる授業づくりをめざすことを提唱している。しかし,その場合にとても大切なことは,「一人一人の子どもが」ということである。ここのところを妥協すると,学級全体の学力を伸ばすことにはつながらない。

　「鉄則4」の章でも述べたが,教師は子どもたちが話し合っていれば,それでなんとなく「いい授業」と見なしてしまいがちである。しかし,それだけでは子ども一人一人の学力を伸ばすことにはならない。「話し合いに何人の子どもたちが参加していたであろう」と数えてみてほしい。じつは30人ぐらいの学級でも10人が積極的に手をあげて話していれば,いいほうである。私が問いたいのは,残りの20人の子どもたちは本当に真剣に考えて話し合いに参加していたのかということである。

　ある有名な教師の研究授業を見たことがある。そこでは教師の発問に子どもたちが食いついて,次から次へと手をあげて自分の意見を言ってくる。私もその当時は若かった

ので、「300人もの参観者の前でこんなに話し合える学級ってすばらしい」と思ったが、よく見てみると、話し合いに積極的に参加しているのは10人程度であった。その授業後の学級に行き、子どものノートを見せてもらった。すると、落書きや先生の板書の写しだけで、多くの子は自分の意見すら書いていなかった。

このような授業をしていては、学級全体の学力など上がらない。問題なのは、傍観していた20人近くの子どもたちに考えさせていないことである。一人一人の子どもにまず自分の考えをなんらかのかたちで表現させることに始まり、その考えをしっかりと人前で表現させ、その考えがよかったのか、まだ足りなかったのかをその子自身に検証させることまでを行わないと、子どもの学力につながらない。それを意識した授業づくりをしないと、気の抜けた授業を20人の子どもにはしていることになるのだ。

私は必ず、「この1時間の授業で考えてほしいこと」を板書する。その後、必ず子ども一人一人（もしくはグループ）で考える時間をとっている。そして、その考えを書かせるようにしている。たとえ分からなくても「分からない」と書けばよいと伝えている。また分からないなかでも、「どこが分からないのか」や「途中までは分かって書ける」なら、書くように促している。そして、できるだけすべての

子どもが書き終わってから、全体やグループでの話し合いに入るようにしている。

　子ども一人一人が自分の考えをしっかりともつこと、もしくは自分の分からなさを自分で実感することから始めないと、子どもたちはその授業の「傍観者」になってしまうのだ。それでは、子どもの思考力を鍛える授業にはならない。だからこそ、「一人一人に考えさせる場」をしっかりと授業に落とし込んでいかないといけないのだ。

## ネームカードで考えの所属を決めさせる

　これも私はよく行っているが、すべての子どもに自分の考えの所属を意識化させるために、ネームカードを黒板に貼らせるのだ。これも、一人一人の子どもにこの授業を意識的に考えてもらうために有効な手立てである。

　どういうものかというと、それぞれで考えた解答の仕方や自分の意見を発表してもらった後に、「もう違う考えはない？」と聞いたうえで、「ならば、自分はどの考えだったのか、黒板に書いたところに自分のネームカードを貼っ

てきなさい」というものである。「分からない」という子のために「分からない」という板書も入れておく。

　この問いかけをすることで、子どもたち一人一人は、自分と同じ考えのところにネームカードを貼ってくる。すべての子どもが、どこかの考えに所属するのである。これをしてから、そのやり方やどうしてそうしたかを問うと、すべての子どもに意見を求めることができるようになる。このことは子ども自身に、ただなんとなく授業に参加するのではなく、自分の考えを問われる緊張感の中で学習を行わないといけないという意識をもたせることができ、子どもたちはより意識的に、意欲的に学習に参加せざるをえなくなる。子ども一人一人に考えさせる場を保障するだけでなく、緊張感をもって自分の考えをもたないといけないという意識をかきたてるのである。このことが、自分の意見を書き記す全国学力テストのB問題（「活用問題」）などを解くときに、自分の考えを書ける子どもが多くなってくることにもつながるのだ。

## 「スケッチブック活動」で すべての子どもに意見交流の機会を！

　私は，クラスの一人一人の子どもにスケッチブックを持たせている。これは絵を描かせるためのものではない。「活用」の学習で子どもが自分の考えを大きく書くためのものだ。

　子どもに考えさせる授業を行ったときには，必ず教師は，正解に近い子どもの解答を説明させたり，ときにはわざと間違った意見の子どもの解答を使ったりする。これはある意味，クラスの何人かの子どもが考えて解答を書いていればできるのである。子どもたちも「考えさせられる」授業に慣れてくると，「なんだ，ちょっと分かんない。そんな顔して10分ぐらいすると，先生が解答を言ってくれるから，いいや」という感覚をもちはじめるのだ。

　私はこの「スケッチブック活動」で，すべての子どもに自分の考えを大きく書かせ，友達と意見交流する機会をつくっている。

【「スケッチブック活動」のルール】
○「分からない」「なんとなく」などでもいいので，必ず意見を書くこと
○意見交流の際には，必ず「10名以上」（男女均等に）の人と意見交換すること
○友達の意見や考えで，「いいな」と思ったものについては，いただいてスケッチブックに書いてもよいこと
○一人一人の友達と意見を交流する際には，最初に「お願いします」，最後に「ありがとうございました」を必ず言う

　この活動のよさは，次の四点である。

　まず一点めは，すべての子どもが自分なりの「意見の表出」をすることである。つまり，分かろうが分かるまいが，自分の考えを一人一人がもたなければならないことを強いるものである。またそれが，すべての子どもが「考える」授業にしっかりと参加することにもつながる。

　次のよさは，子どもたちが緊張しがちな「考える」授業の中で，授業中に自由に立ち歩き，フランクに友達と話しながら短時間で人の意見を取り入れられるところだ。教師が子ども同士の話し合いの間に入って意見交換をさせることもあるが，この活動は，子どもたちが主体的に行っていくなかで，自分が「いい意見だ」と思うものを採用するこ

とができる。だから，ふだん授業中はおとなしい子や，まったく考えが浮かばない子も，授業に能動的に取り組むことができる場となる。

　三つめは，「子どもが知的な観点で自由にかかわり合う」場がそこにあるということだ。これは，学力向上にとってもとても大切なことである。子どもたちが遊び場面でかかわり合ったり，好きな子ども同士でかかわり合ったりという姿は，学校生活の多くの場面で見られる。しかし，この活動のよいところは，子ども同士が知的な観点で，自分の意見をもち，自由に他の子どもと意見交流する点にある。このことは，ある意味，とても高尚なことである。学力の向上には「子ども同士が互いに質の高い考え方にふれていく」機会を教師が意図的につくれるか否かが，とても重要なのである。その意味で，この活動はおすすめできる。

　最後の四点めのよさは，スケッチブックを使うことによって，その子の考え方の変遷をポートフォリオ的に残していけることである。

　はじめの頃は自分の意見をもてなかった子どもがだんだんともてるようになってきたり，教科によって自分の得意・不得意があることを自覚するなど，子どもにとって大切な「自分の成長の記録」になる。また教師にとっても，その子の考え方の変遷がポートフォリオ的に残されたこのス

ケッチブックは，通知表や指導要録の記入欄の材料として最適である。その子その子の考えを保存して貯めておくことで，その経過をその子の成長として，通知表などに書くことができる。この点からもおすすめできる。

このように，子ども一人一人に徹底して考えをもたせる取り組みは，学級全体の学力を上げていくために必須の取り組みであるといえるだろう。

## 質のいい授業をコンスタントに！

学級全体の子どもたちの学力を伸ばすためには，これまで述べてきたような「子ども一人一人が考える授業」づくりを，できるだけコンスタントに，日常的に行っていくことが求められる。国語なら国語なりの考えどころが，算数には算数の考えどころが，家庭科や音楽でも，それぞれの教科に考えどころがあるはずである。その考えどころを教材研究などで早めに教師がつかみ，それを基にした授業づくりを各教科・領域にわたって行っていければベストである。

子どもたちは，学級担任や教科担任が自分たちに「考えさせる」授業をしていることを，すぐに分かってくる。また，そのような「考えさせる」授業を行い続けていると，より深い考えや違ったアプローチからの考えを出してくる子も必ず出てくるものだ。

　これらの活動やこうした子どもたちの姿が学級全体に行き渡ってくると，子どもたちは「考える」ことを楽しみにしてくるようになる。「先生は，どんな考えでも叱らない」「ぼくが自分の考えを言うと，先生は必ずほめてくれる」，そういう意識に子どもたちがなっていくと，学級もまとまっていくものだ。「考える」ことを通して，子どもたちは自分の欲求を満たしていくのである。学級崩壊やそれに近い状態の学級を見ると必ず分かるのは，そういう学級では子どもたちが自分の考えをもたせてもらっていないこと，学級担任や教科担任が子どもに考えさせる授業を行っていないこと，教師が子どもたちの考えを授業で認めてくれていないことである。

　授業で子どもの考えを生かす場をコンスタントにつくっていくことは，学級の子どもたちの意識の安定にもつながるし，自分自身を高めようとする意欲にもつながっていく。その意味では，学力づくりのためには絶対に欠かせない教師の授業づくりの構え方がここにはあるのだ。

## "HOW TO" から「戦略」へ

　若い教師は，まず"HOW TO"から入る。これはしかたのないことである。しかし少し分かってきたら，「この"HOW TO"，どこか別のかたちで使えないかな？」とか「自分ならもうちょっとアレンジして，こうするといいと思う」という意見をぜひもつようになってほしい。それが「戦略を考えられる」教師になる第一歩だからである。

　昔，先輩教師からよく聞かされた話に，「ハンカチを床に置いてその片隅を持ち上げると，いつの間にか他の部分まで床から上がっていく。教師の指導技術が向上していくのもこれと同じだ」というものがある。つまり，一つのことが上手にできるようになると，必然的に他の技術も高まってくるものだとする，たとえ話である。でも，なぜそのようなことが言えるのか。これは，末端の技術を支える構えや考え方が分かるようになると，他の場面でもそのような考え方で指導ができるようになってくることを意味している。ある程度，教師としての考え方や構え方がしっかりとしてくれば，他のさまざまな場面でも応用がきくよう

になるのである。だから、先に述べた「子ども一人一人に考えさせる授業を」という思いをもつことができれば、あとはさまざまな教科の枠でその場面をつくっていけばいいだけである。

「子ども一人一人に考えさせる授業を」という、この基本的な考え方から始まる授業づくりができるかどうかということが、すなわち教師としての「戦略」をもてるかどうかということである。教師の「戦略」とは、まずこの基本的な考え方をもつことがなにより大切で、またその考え方をつねに意識し、具体的な場面でその出し方を考えるということである。

子どもの学力を上げるための基本的な考え方をちゃんともっているか、またその基本的な考え方に基づいた指導法を具体的に使えているか、その指導法が子どもたちに響いて着実に成果となって表れているか——ここがプロの教師として問われているところである。学力を上げるための「戦略」をもてる教師にならないといけない。

## 学級の子どもたちの思考力を鍛えるための「ストラテジープラン」を書いてみる

　私は，学級の子どもたちの思考力を鍛えるための「ストラテジー（戦略）プラン」を書いている（p.121, 資料1参照）。

　これは，じつは私が考えたもので，昔は「総合的な学習の時間」のストラテジープランを作っていたが，今は「活用場面」の授業づくりのプランニングの仕方を書いている。これは，それぞれの教師が，自分の選択した教科で，子どもの思考力を鍛え伸ばすための「戦略」を自由に書くためのものである。

　このようなかたちで一人一人の教師が，今の学習指導要領の趣旨を踏まえた授業づくりの戦略をもつことはとても重要で，この考え方を構築できない教師は，学力を意図的に向上させるすべをもたない教師と言わなくてはならない。仮にそのような教師の学級の子どもたちの平均学力が高かったとしても，その教師は自分の行ったどの手立てが学力を上げるために効果があったかを分析できないはずだ。

　このストラテジープランを書くことで，自分の指導技術と考え方を認識し，再構築できるのである。子どもと同じ

ように教師も，考えるだけでなく書き記すことで，自身の「思考力・判断力・表現力」，そして教師としての技術を再発見・再確認できるのである。

　この作業は，慣れないうちはなかなか面倒で煩わしいが，これができるようになると，自分の行いたい授業観がはっきりしてくる。その意味では，年度当初に子どもたちの実態が把握できた時点で，学級担任や教科担任として，学力を上げるための，また思考力を鍛えるためのストラテジープランを書くことは，自分の授業づくりに関するぶれない見通しをもつためにも有効である。

## [まとめ]

## "雰囲気"と"感化"で子どもの学力は変わる！

### 学力は学級の雰囲気で変わる！

　小・中学校，特に小学校での子どもたちの学力（数値学力 NRT・CRT・全国学力テスト・その他の学力テストでの学力）は，じつは，学級の雰囲気で大きく変わるのだ。このことは，長い間この職に就いている方は，なんとなく理解していることであろう。もっと言えば，その学級担任がどんなことに力を入れて学級経営してきたかで，学級全体の学力は変わってくる。

　つねに場当たり的に，問題が起こってもその時々でしかたなく解決し，もう十年間も同じような授業を繰り返している教師——こんな教師が担任する学級では，子どもたちは物事を深く考えることをしなくなり，学習することもつまらなくなり，問題行動に手をのばす——そして教師はそのつど対応に追われ，学級担任が大きな怒鳴り声を上げる機会ばかりが増えていき，学級の雰囲気も暗くなる——こ

んな場所では、知的に「考える」ことなどできるわけがない。学級全体も落ち着きがなくなり、学級担任の言うことを聞かなくなり、いつの間にか、学級担任は「早く次の学級、別の学級をもちたい」と心の隅に思い始める。子どもたちもその学級担任の思いを感じ取るにつけ、さらに学習から遠ざかるようになり、学力向上どころではなくなる。
——こんな学級経営を見たことはないか？

　今は、保護者も教育委員会や管理者も、学級担任がまともに子どもを掌握できて、確実に指導事項を履修させているか否かを、特に気にするようになった。だからこそ、教師としての力量の意味がはっきりしてきた。「学力」というスケール、「学級全体の平均」というスケールは、ただ単に子どもが学習内容を理解したかという単純なことではなく、学級担任が、どんな雰囲気をつくり、どこにこだわって1年間の任務を行ってきたかの証しでもあるのだ。その意味でも、教師それぞれのこだわり方で、学級の雰囲気は変わる。また、その結果で学級全体の学力も変わってくる。これは経験上、揺るがない事実であるといってよい。

### 知的な雰囲気をつくり出せる教師に

　では、あなたは学級担任として、どこにこだわって、学級経営をし、授業づくりをしているのか？　そのこだわり

は，「学級の子どもたちへの学力の保障」にとって有効なものであると明快に言うことができるか？

　私は，学級に「知的な雰囲気」をつくり出せる学級担任でいたいと思っている。「知的な雰囲気」とは，まずその学級に入ると子どもたちの考えた軌跡が見えること，また教師も子どもたちも人の話を「聞く」耳をしっかりともっていること，子どもたちは「考える」ことが好きで，教師は子どもたちの考える姿を喜びとし，子どもの考えが深まる・広がる・高まる授業を模索していること，さらにいえば，道徳的自律までも子どもたち一人一人の正義感で自治的に行えれば一番よいことである。こんな姿が見られるところに，「知的な雰囲気」のある学級は成立する。このような雰囲気のある学級に子どもたちが置かれたら，幸せなことである。そこをめざそう。

　「そんな理想的な学級なんてつくれないだろう」――そう思う方も多いだろうが，意外とそのような学級経営をしている教師は身近に多くいるのだ。ちょっとまわりを見回してみてほしい。そう言われればそうだな，と思い当たる節があるであろう。

　何度も大変な学級を着実に立ち直らせてきた先生，毎日淡々と学級のこと，学年のことを考え，最善を尽くそうとする先生，なんとなくいつも何かを考えていて，ときに教

師仲間の知的好奇心を触発してくれる先生——そんな先生のもとに，ちゃんと子どもは集う。自分の知的好奇心を満たしてくれる先生のもとに子どもは集う。この現実とその意味をおろそかにしては，子どもの学力など上げられない。

「子どもたちは，塾に行って学力を上げているから，別に自分が無理してがんばらなくてもいいのでは」などと考えている教師はいないだろうか。

塾に行けるほどの経済的余裕もなく，学校だけを頼りに勉強している子どもたちもたくさんいる。その子たちをどうやってより高いステージに上げられるか。大切なことは，私やあなたのようなふつうの学級担任が，子どもたちの真の指導者・援助者・支援者として，大人としての「正義感」をまだ忘れずにもっているかということである。この思いをもつ教師ならば，今の時代で問われる教師像は分かるはずである。だからこそ今，「知的な学級の雰囲気をつくり出せる教師」になることを求めたい。この雰囲気づくりは，子どもたちの学力向上にも必ず直結する。

### 子どもは教師に感化され，学力を伸ばす！

一般の小・中学校には，普通に，よく遊び，よく学ぶ，目をキラキラさせている子どもたちがたくさんいる。その子どもたちは，教師に感化されて学力を伸ばすのだ。

私が田舎の中学生だった頃，おもしろい教師がいた。当時50歳ぐらいの背筋のピンと伸びたその先生は理科の教師だった。50分の授業のうちほとんど30分は，その日の学習にまつわる余談（その学習内容と社会との関係や歴史的変遷など）に終始する。その後，忘れていたかのように，「あれ，なんでこんな話をしたんだろう」とつぶやき，「いいか，ここが大事！　絶対テストに出るから，よく覚えておきなさい」と言って，残りの20分間ですべての実験のメカニズムを説明した。私たち生徒は余談が始まると「また始まった」と思いつつも，ついついその話に引き込まれた。しかし，なぜかその学級の学力テストの理科の平均得点はつねに高く，また，みんななんとなく理科が好きだった。

　今の時代では考えられないような話だが，ここに一つの真理があるように私は思う。それは，「子どもはその教師の人柄を，その教師の情熱を，その教師の態度を，その教師の知的な深さを感じて，その学習が好きになる」ということだ。また「そこからしか，真の学力は伸びてこない」ということだ。

　さあ，また教壇に立ちましょう。子どもたちが待っています。お互いに，子どもの学力を上げるために，子どもの心に残る教師になるために。ただそれだけで……。

　　　　　　おわりに


　本書は,「学力向上」という今の学校現場に突きつけられている大きな課題について,学級担任の視点から掘り下げた書である。小学校でいえば学級担任の視点で,中学校でいえば教科担任・学級担任の視点から,できるだけ分かりやすく,読みやすくするために,多くの事例を挙げながら書き上げた。

　私は,今も学級担任をしている。その目線から,学習指導要領を読み解き,地域の教育委員会の「教育の重点」や考え方,学校の校長の経営方針を理解して,実践として子どもの前に投げかけている毎日である。

　研究校の実践ではない,ふつうの学校の実践で学級の子どもたちの学力を上げること,これは,日本という国が私たち今を生きる教師に突きつけている大いなる命題であろう。ならば,それに応えられる教師でありたい。そう願い,本書を書き上げた。教師の目線で一読いただき,そして私の考えをご批正いただければ幸いである。

　学級運営上の工夫や留意点,今の学校現場で配慮しなけ

ればいけない学級担任の心構えなどについては，前著『チェックリスト　学級担任の危機管理』(教育出版，2012年)で述べた。本書ではそのうえで，より社会のニーズに応えていける教師になるために，今，最も高い関心が向けられている「学力向上」という視点から，学級担任・教科担任の姿勢について考えてみた。

　読んでいただいた方が，1か所でも「参考になった」と思ってもらえれば，ありがたいことである。

　最後になったが，前著に引き続き，このような機会をつくっていただいた教育出版の関係各位に深く御礼申し上げたい。

　　2012年7月　　　　　　　　　　　　　　　　　　著　者

## 付録　思考力を鍛えるストラテジープランの実際と実践

◆資料1:「思考力を鍛えるストラテジープラン」（→ p.121）

　ここでは，学級の子どもたちの思考力を鍛えるための戦略プランを紹介する。その戦略プランが，資料1の「思考力を鍛えるストラテジープラン」である。このプランは，各学級担任・教科担任が教科を一つ選び，その教科の学習を通して，子どもの思考力を鍛え，学力を上げていこうとするものである（p.108参照）。教師は忙しい。すべての教科で「活用」の学習を考えていければよいが，それほど授業時数もない。そこで教科を自分で決めて，その教科の学習で1年間コンスタントに「活用」の授業づくりを行っていくためのものである。

　また，ここには学級経営上の日常の取り組みを書く欄もあり，ふだんの学級経営から子どもたちの思考力を鍛えていくための手段も書いている。このプランは年度当初に子どもの実態を把握してから作っている。今では，このストラテジープランの評価基準まで設定している。

　ただ漠然と実践するではなく，一人一人の教師が研究的に，学習指導要領の趣旨を踏まえて子どもたちに思考力をつける授業づくりを行っていくことは，子どもたちの学力向上に必ずつながる。

　私は本書の最初にこう書いた。「ただ漠然と授業を行っていても，学級の子どもの平均学力は上がらない」と。ストラテジープランは，教師自身が意識的に子どもの「思考力を鍛えようとする」ための学級担任・教科担任の1年間の学級経営・教科経営の青写真である。

◆資料2:5年算数科「倍数と約数」の学習指導案（→ p.124）

　この指導案は，本論に書いた（p.54参照），既習の「基礎・基本」を活用して，次の「基礎・基本」を習得させる段階の指導案である。これはまた，私が書いた「ストラテジープラン」の「活用場面の展開構想」にもあるように，算数の学習が苦手な子どもたちもできるように，

「協同解決」をはじめから入れている指導案になっている。つまり，算数科の指導に必ずある「自力解決」という場面をあえてつくっていないのである。これは，ある種の挑戦であるが，いかがであろう。

オーストラリアの小学校では，このようなパターンの授業づくりも多く見られた。算数の得意な子どもにとっては取り組みがいのある「自力解決の場」も，算数の苦手な子どもたちにとっては，苦痛になる面もある。その意味では，みんなで相談をしながら問題を解いていく学習も，互いの学びを保障していくために必要なことではないか。

◆資料3：5年算数科「図形の角」の学習指導案（→ p.131）

この学習指導案は，「活用」の学習の「最終ステージ型」(p.58参照)の指導案である。これまで学んだ「三角形・四角形・多角形の内角の和」の定理を「活用」して，自分で「図形の角」の問題づくりをするものである。「図形の角」の問題は，中学や高校の入試にもたびたび出題される。自分で問題をつくり，友達と解き合う経験を通して，できるだけ「図形の角」の問題に親しみをもてるようにするねらいもある。

◆資料4：5年算数科「円柱と角柱」の学習指導案（略案）（→ p.138）
◆資料5：4年算数科「1けたでわるわり算」の学習指導案（略案）（→ p.141）

この2つの学習指導案とも，「活用」の学習の「最終ステージ型」(p.58参照)のものである。2年前，この学習を組織したときには「子どもがうーんと考える学習課題」を設定しようとして，考えてみたものだ。今では教科書にも同じような問題が載っている。

◆資料6：「朝の会」の掲示（→ p.144）

これは，本論に書いた「7つのマル＋1Q」(p.18参照)や「今日のニュース」(p.66参照)などの項目が示されているものである。

私は，ふつうの学級担任である。だから毎日の学校生活の中で，できるだけ簡便で，長続きし，それが学力向上につながるものをと思い，日夜考えてきた。今は，この程度の紹介しかできない。読者の皆様のほうがよりよい実践をお持ちかと思う。ぜひ，紹介していただきたい。

**資料1**

### 5年○組　思考力を鍛えるストラテジープラン

1　研究教科・領域　算数科
2　子どもの実態
 (1)　算数科における学力の実態
　・「算数の問題が好き，やや好き」とする子どもの割合が○％で，嫌いな児童も多い。
　・「小数・整数」単元でのワークテストの結果で80点以上○○／○○人
　・単元テストで50点以下の児童も○名いる。理解度の差が大きい。
 (2)　算数科授業における実態
　①全体的傾向
　　○算数に対する興味・関心の高い児童とそうでない児童の意識の差が大きい。
　　　ノートをとることを面倒がってまったくとらない児童や「考える」活動を好まない児童が○名ほどいる。反面，自分の解き方を進んで発表する児童は○名ほどいる。
　　○個別指導が必要な児童も数名見られる。

　②言語活動の充実の視点から
　　○自分の解法を自分の言葉で説明できる児童が少ない傾向が見られる。
　　　5年の4月履修の「平均」の単元では，履修した内容を生かして，自分の解き方を文章で表現できた児童は○名で，その児童はすべてみんなの前で説明した。
　　○学習感想を書くことができなかったり，書いても一言で終わる傾向がクラス全体にある。（5年4月「平均」の学習より）
　　○友達の考えを静かに聞いているようだが，内容的に理解して聞いている児童は少ない。

3 思考力を鍛え，言語活動の充実を図るための取り組み
 (1) 授業づくりでの取り組み
  ・本時の学習課題を児童が分かるような板書
   （ノート整理，視覚的・聴覚的配慮，主発問の明確化）
  ・自分の解法をノートに書かせる工夫
   （「ひらめきカード」――画用紙に自分の解法を書かせ，貼りだす取り組み）
  ・協同解決場面（グループ解決・ペア解決）の多用
  ・自分の解法を図や絵などで表現させる工夫（解法カード）
  ・学習感想の徹底（★で書き出す「今日の気づき」場面の設定）
  ・復習時の作問づくり学習の時間の設定
  ・活用型問題解決場面の設定（各学期に３単元）
 (2) 学級づくりでの取り組み
  ・サークルディスカッションの実施（道徳の時間やピアサポートタイム）
  ・学級目標の設定と掲示（各学期ごと）
  ・朝の会における「７つのマル」スピーチの実施
  ・クラスの読書目標設定と達成に向けての時間の保障
  ・学級会等での話し合い方の「型」づくりと実践
4 算数科における思考力を育成する「活用場面」の構想
 (1) 算数科で伸ばしていきたい力
  ・算数的活動を通して，自分への課題をしっかりと受け止め，あきらめずに解こうとする力
  ・既習の知識・技能を使ったり友達と話し合ったり教え合ったりして解いていく力
  ・自分の言葉やその他の算数的な表現（図や絵，表など）を使い，自分の考え方を説明できる力
 (2) 算数科の学習における「活用場面」の展開構想
   ５年○組の児童の実態を鑑みて，今年度の算数科の「活用場面」の展開の仕方について，グループやペアによる「協同解決」「協同発表」を中心に据えた展開を常に心がけていきたい。自力解決場面を少なくし，協同的に解決に向かわせる。このことで，算数

の「考える」活動が苦手な児童も一緒になって考え,「教え合い」や「協同的達成感」を味わえると思う。また協同的な活動を行いながら,自分の意見を説明したり他の児童の意見を聞いたりし,算数科における「言語活動」を豊かにしていけると思う。

【5年○組における「活用場面」の授業展開案】

| 課題意識の共有化（1～3） | 1 課題提示……既習内容の複合型問題の提示<br>2 協同解決……互いに話し合ったり算数的活動を行ったりしてコミュニケーションをとりながら解決させる。<br>　協同表現……協同でまとめたり，発表の準備をしたりする。 |
|---|---|
| 思考を深める（4～5） | 3 発　　表……各班ごとに発表させる。<br>4 全体協議……各班の相違点や共通点等を考える。<br>5 要点整理（解法説明等）……教師主導でまとめる。 |
| まとめる（6） | 6 練習・「ふりかえり」活動……同じ解き方で解く経験をしたり，今日の学習感想を書いたりする。 |

5　児童の思考力を鍛える重点単元の設定
(1)　前期：単元名「図形の面積」（7月実施）
(2)　後期：単元名「素数」（研究授業）（10月実施）

**資料2**

---

### 第5学年○組　算数科　学習指導案

1　単元名　「倍数と約数」

2　単元の目標
　○整数の性質についての理解を深める。
　　約数，倍数について理解する。
　　素数の意味について理解する。
　　偶数・奇数の意味を理解し，剰余による整数の類別のよさに気づくことができる。

3　本単元の基礎・基本
　○倍数，公倍数，最小公倍数の意味がわかり，求めることができる。
　○約数，公約数，最大公約数の意味がわかり，求めることができる。
　○素数について理解できる。
　○偶数・奇数の意味やその見分け方を理解できる。

4　本単元における価値
　　本単元では，整数の性質について理解を深めることが目標とされている。倍数や約数の意味を知り，ある数の倍数の全体や約数の全体をそれぞれ一つの集合としてとらえられるようにするとともに，整数をある観点を定めていくつかの集合に類別できることを指導のねらいとしている。また，倍数，約数などが用いられる場面を知り，積極的に問題解決に役立てていこうとする態度を養う。
　　4年生までに，整数を億，兆の位まで拡張し，日常事象を処理できるまでに，十進数としての理解を完成させている。数概念も，ある数を二つの数の和や差，あるいは積や商として見たりするなど，次第に深められている。また資料の整理の仕方を通して，ある観点を決めて，分類することのよさも理解している。
　　数の合成・分解，分類整理の発展として，倍数・約数をとらえ，さ

らに，集合の考えを用いて，できるだけ具体的な指導を通して，公倍数，公約数の意味を理解させるようにする。

5 単元構成（全11時間）

| 思考力を育成する題材構成（構成の意図） |
|---|
| 学習したことをもとに，自らの力や他の児童との関わりを通して，自分の考えを深化していく単元構成 |

| 小単元 | | ねらい | 学習活動 |
|---|---|---|---|
| 1（倍数と公倍数） | 1 | ○倍数の意味を理解し，求める。<br>○倍数は，限りなくあることを理解する。【習得】 | ・ゲームや，表を使いながら，2の倍数，3の倍数について考える。 |
| | 2 | ○倍数の並び方から，倍数の規則性などの理解を深める。【活用】 | ・100までの表を使い，4〜9までの倍数の規則性を考える。 |
| | 3 | ○公倍数の意味と，公倍数の見つけ方を理解する。<br>○最小公倍数の意味を理解し，最小公倍数を求める。【習得】 | ・2の倍数と3の倍数のときには手をたたくゲームを通し，共通な数を見つける。<br>・共通な数＝公倍数，共通な数のうち最も小さい数＝最小公倍数を押さえる。 |
| | 4 | ○最小公倍数を必要とする問題の解決の仕方を理解する。<br>○最小公倍数を活用する具体的な場面を考え，公倍数あるいは，最小公倍数についての理解を深める。【活用】 | ・クッキーとチョコレートの箱の高さが同じになるときを考える。 |
| 2（約数と公約数） | 5 | ○約数の意味を理解し，求める。【習得】 | ・縦12cm，横18cmの長方形の中に正方形を敷き詰める問題を通し，1辺が何cmの正方形が敷き詰められるか，縦，横それぞれの長さをもとに考える。 |
| | 6 | ○公約数，最大公約数の意味と見つけ方を理解する。【習 | ・前時の約数に共通な数＝公約数ということ，公約数の |

| | | 得】【活用】 | 中で，最大なもの＝最大公約数ということを押さえる。<br>・18と24の公約数の求め方を考える。 |
|---|---|---|---|
| | 7<br>(本時) | ○約数の多い数，少ない数を見つける活動を通し，約数に関心をもち，素数の意味を理解する。【活用】【習得】 | ・1とその数自身しか約数がない数を素数ということを押さえる。 |
| | 8 | ○整数を素数の積で表し，最大公約数・最小公倍数を求める。【活用】 | ・素数を利用して24と36の最大公約数を求める。 |
| 3<br>奇・偶 | 9 | ○整数は奇数と偶数に類別できることや，偶数と奇数の意味・性質を理解する。【習得】 | ・0～20までの数を，2でわり切れるかどうかで分け，偶数と奇数の性質を考える。 |
| 4<br>発展 | 10 | ○整数をあまりに着目して，類別することのよさに気づくことができる。【活用】 | ・101を3で分けるとき，あまりに着目して，類別することのよさに気づくことができる。 |
| | 11 | ○既習事項の理解を深め，確かめをする。【活用】 | ・練習問題・力試しを解く。 |

6 本時の学習計画 （7／11）
 (1) ねらい
  ○5つの整数の性質の違いを考える活動を通して，素数の意味を理解し，1～100までの素数を見つけることができる。

 (2) 児童の実態（略）
 (3) 本時の構想
  ①学習課題について
   手立て1：シンプルな数字の提示のみによる学習課題の提示
    本時では，「25」「26」「27」「28」「29」の数字カードを黒板に貼るところから，授業を始める。そして，「この中で他の整数とは，違う性質をもつ整数があります。どれでしょう？」と発問する。

このことによって，児童は「えっ」と思い，考えはじめる。そして，それぞれに類推したり，教師の意図を考えたりする活動が始まっていく。
　この提示はシンプルでありながら，すぐに児童に今日の学習のねらいを考えさせる活動になり，多くの児童が予想をつけられる課題でもある。しかし「なぜ，その数を選んだか」を考えることで，これまで学習してきた「約数」の意味や「整数のもつ性質」を考えることにもつながっていく。
②言語活動について

　　手立て2：班員で1〜100にある素数を探す活動（協同解決）

　本学級では，算数でいうところの「自力解決」の時間を，考えが思い浮かばずにいる児童も多い。となりの児童と相談させても，自分のやり方をまだ考えている児童もいてなかなか相談する状況に至らないことが多い。かといって，時間をとっても，考えが浮かばない児童にとっては苦痛な時間にもなる。
　そこで今回は，はじめから「協同解決する場」を設け，それぞれが自由に自分で見つけてみたり，友達の見つけた数を確かめてみたりする活動の場とする。このことで，すべての児童が自分なりに解き方を模索したり，数字を決めて解いてみたり，友達の意見を取り入れたりする活動が起こり，自然に思考することをクラス全員に促すことができる。
　この活動は，ふだん「自力解決」の時間で黙って自分の考えを出せない児童にとっても，まわりの児童の言葉が刺激になったり，自信のない児童同士で考え合ったりすることで，より効率的な思考を学級全員に促すことができると考える。また各班対抗のようなかたちで行うことによって，素数を探す活動にも意欲的になるであろう。

(4) 本時で活用させる知識や技能
　・約数の意味　　・約数の出し方　・素数の意味

(5) 特別支援が必要な児童への対応

　　特別支援の必要な児童の考えを引き出し，板書等で位置づけることを通して，その児童の所属感を高めたり，自分の考えをもち，学習を進めていることを賞賛したりして，学習に集中させていく。

(6) 本時の展開

| | 教師の働きかけと予想される児童の反応 | ・留意点　◎評価 |
|---|---|---|
| 課題意識の共有化 | 1　学習課題をつかむ。<br><br>T　(25・26・27・28・29のカードを提示して)この中で，他の整数と違う性質をもつ整数があります。どれでしょう？<br><br>C　26。なんとなく。<br>C　27。3×9だから。<br>T　そう「約数」を使う。いいヒントです。<br>C　ああ，わかった！「29」だ！だって「29」は「1と29」だけしかないから。<br><br>T　正解です。<br>　　じつは，「29」は「素数」といわれ，1とその数自身でしか割り切れない数です。<br><br>T　「29」のように「1」とその数自身しか約数をもたない「素数」を「1」から「100」までで探しましょう。各班で解いてもらいます。班の人みんなで考えて解いてください。 | ・数字カードはフラッシュカードのようにして，黒板に貼っていく。(カードの裏には，「はずれ」・「当たり」が書いてある。)<br>・どれだと思うか，またその理由もノートに書かせる。その後，どの数を選んだかを聞いていく。(数字それぞれに立たせる。)<br>・「29」の裏に「当たり」があることを示し，なぜ「29」が他の整数とは違うのか，を再度考えさせる。<br>・その後，それぞれの約数を見せることを通して，「素数の意味」を板書してしっかりと押さえる。(児童には，ノートに書かせる。)<br>◎「素数」の意味の板書をノートに写しているか。(ノート・観察)<br>・班の体型にさせる。<br>・各班に1〜100まで書いてある紙を配る。 |

| | | |
|---|---|---|
| 活用する | 2 協同解決をする<br>T 「100までカード」を使って，各班で相談しながら探してください。<br>C 分かった。「31」もそうだ！あと……。<br>C どうすると，見つけやすいかな。<br>C 見つけたのに○をつけていこう。<br>C 「2」とか「3」とかもあるかな。 | ・素数を見つけたら，それが素数であることを証明する約数の集合をノートに書かせるようにする。<br>・班内で素数を見つけたら，班のみんなに知らせるようにする。<br>◎1～100までの中の素数をノートに書き出している。（ノート・観察） |
| | 3 見つけた素数を発表し合う。<br><br>T では，各班で見つけた素数を発表してもらいます。1班から順にいきますので，教えてください。<br><br>C 「2」「3」「5」「7」<br>C 「11」「13」「17」「19」<br>C 「23」「29」<br>C 「31」「37」<br>C 「41」「43」「47」<br>C 「53」「59」<br>C 「61」「67」<br>C 「71」「73」「79」<br>C 「83」「89」<br>C 「97」<br>C ぜんぶで25個あるよ。 | ・班ごとに，ふだんあまり発言しない児童に見つけた素数を発表させる。<br><br>・素数として承認されたら，黒板の1～100の書かれた紙のその素数を○で囲む。<br>・出された素数の約数を板書していく。 |
| | 4 素数の見つけ方や素数の分布を見て気づくことをまとめる。<br><br>T では，この100までの素数の広がりを見て気づくことはありますか。また素数の見つけ方で発見したことはありますか？ | ・素数が全部出つくした時点で，○の分布の様子などを手がかりに気づくことをまとめさせる。<br>・素数の見つけ方の決まりや方法に気づいた人がいたら，具体的に説明させる。 |

| | | |
|---|---|---|
| | C あのね，奇数に素数が多い。<br>C 「1」「3」「7」「9」が1の位にあると素数になりやすい。<br>C 偶数は，ほとんど「1」と「その数自身」以外の約数をもっているので，ちがうことにする。 | |
| ま<br>と<br>め | 5　今日の学習をまとめる。<br><br>T　では，今日は，「素数」と「約数」という言葉を使って，「今日の学習で分かったこと」を書いてみましょう。<br><br>C 「素数とは，1とその数自身の約数しかもたない数をいうことがわかった。」<br>C 「1から100までに約数が1とその数しかない『素数』は25個あった。」 | ・二つの言葉を使うことをしっかりと指示し，「今日わかったこと」をまとめさせる。<br><br>・「100以上にも素数はあるか」を児童に問うことで，本学習の広がりを児童に意識させる。<br><br>◎キーワード作文で，素数の意味にふれる記述をしている。<br>（ノート） |

**資料3**

### 第5学年○組　算数科　学習指導案

1　単元名　「図形の角」

2　単元の目標
　○三角形の内角の和を適用するよさに気づき，これを活用しようとする。（関心・意欲・態度）
　○三角形の内角の和を発展的にとらえて，多角形の内角の和を考えることができる。（数学的な考え方）
　○三角形の内角の和を用いて，多角形の内角の和を求めることができる。（表現・処理）
　○三角形・四角形の内角の和や，多角形の内角の和が分かる。（知識・理解）

3　本単元で「活用」する基礎・基本
　・三角形の内角の和が180°であること
　・三角形の内角や外角を計算で求めること
　・四角形の内角の和が360°であること
　・多角形の内角の和の求め方

4　本単元における価値（思考力・表現力の育成の視点から）
　(1)　3回繰り返す問題解決型の展開
　　　本単元は，三角形の内角の和が，どんな場合でも決まっているということを実測することから始める。自分の描いたいくつもの三角形の内角を測っていくと，一つのきまりが生まれる。それが「三角形の内角の和は180°」ということである。そこで必然的に「どうして，三角形の内角の和が180°になるのか」という疑問が出てくる。この疑問を解決するための方法を考えていく。この過程は，四角形・多角形の内角の和について求める際も同じである。

(2) 多様な算数的活動による証明

　実測すると、「三角形の内角の和は180°になる」ことをもう少し違ったかたちで証明できないかを考えさせる。その際には自分の描いた三角形を折ったり切ったりしてもよいことや、どうしてこれで証明できるかなどについて、自分たちの考えを書く場を設ける。四角形・多角形の内角の和の求め方の証明の際には、三角形の内角の和の原則を考えに入れて証明させるようにする。この算数的活動を通して、図形のもつ面白さを感じ取らせたい。

(3) 常に「ペア解決」「グループ解決」の視点で授業構成

　算数が好きな児童と嫌いな児童、発表したがる児童とまったく手をあげない児童、このようなくくりではなく、考える段階から複数の児童で解決させるように、本単元を通して授業を構成する。このことは、考える段階から表現すること、一緒に考えていくことでわかる喜びを感じることなどを大切にしていくものである。算数科における「自力解決場面」という固定観念を少しはずして、互いに考えることで自分を表現することが常にできるように授業をペア解決からをスタートとする。これは、「自分ができた・できない」で算数嫌いになることよりも、集団で考えることを通して算数の面白さを感じたり、授業により積極的に参加したりさせるためのものである。

5　単元構成（全8時間）

| ○互いに話し合いながら、算数的活動を行い、協同解決していく単元構成 |
|---|

| 次 | ◎小単元名　○ねらい　（　）時数 | ・主な学習内容 |
|---|---|---|
| 1次 | ◎三角形の角（2）<br>○三角形の3つの角の内角の和は、形や大きさに関係なく、180°であることを理解し、それを使って角度を計算して求めることができる。 | ・さまざまな三角形を実測して、内角の和を調べ、内角の和が180°になっていることを多様な算数的活動で証明する。<br>・「三角形の内角の和が180°」であることを使って、三 |

| | | 角形の内角や外角の角度を求める。 |
|---|---|---|
| 2次 | ◎四角形の角（2）<br>○四角形の内角の和は360°であることを理解し、それを使って角度を計算して求めることができる。また、敷き詰めを通して、四角形の性質を理解する。 | ・さまざまな四角形を実測して、内角の和を調べ、内角の和が360°になっていることを多様な算数的活動で証明する。<br>・四角形の敷き詰めを通して、四角形の性質を考える。 |
| 3次 | ◎多角形の角（1）<br>○多角形の内角の和の求め方を理解する。 | ・さまざまな多角形を実測して、内角の和を調べ、内角の和についてのきまりやそうなる理由を考える。 |
| 4次 | ◎練習（2）<br>○既習事項の理解を深める。 | ・既習事項を確認しながら、練習問題を解く。 |
| 活用 | ◎三角定規の作る角（1）<br>○2つの三角定規を使って問題をつくったり、解いたりすることができる。 | ・2つの三角定規を使い、図形の角についての問題をつくる。<br>　また、つくった問題を解いていく。 |

6 本時の学習計画（本時　8／8）

(1) ねらい

○2つの三角定規を使い、協同で図形の角度を求める問題をつくったり、友達がつくった問題を解いたりすることができる。

(2) 児童の実態（略）

［算数科学習における実態］

○（思考力にかかわって）

○（表現力にかかわって）

(3) 本時の構想

> 手立て1：「問題を協同でつくって協同で解き合う」という学習
> 　　　　課題（学習課題の工夫）

　今回の活用場面は、2つの三角定規を組み合わせて、図形の角度を求める問題づくりをする場面と、友達がつくった問題を解く場面

で構成されている。この学習課題は、本単元で習得した内容や4年生で習得した「平行・垂直」などの既習内容を網羅的・総合的に理解していないとできない課題である。自分たちで三角定規を組み合わせて、問題をつくる場面では、どんな三角定規の組み合わせ方で、きちんとした図形の角度が求められるかも考えに入れてつくらなければならない。その意味では、見通しをもった問題づくりが必要である。時間内であれば、どれだけつくってもよいことにし、たくさん考えていけるようにする。

> 手立て2：互いに考え合う場を保障するペア学習（確実に思考しながら表現する場の設定）

　問題づくりの場面と友達のつくった問題を解く場面、どちらの場面でも2人で協同で解決させる。このことで、ふだんは友達の解き方を聞いているだけだったり、分からないから声も出さずにいたりする児童がどうしても授業に積極的に参加しなければいけない場面になる。分からないことを相手に聞いたり一緒に角度の求め方を表現しながら考えたりすることで、「考えるために表現する」ことを意識させたい。また進んで解いている児童は、相手に自分の解き方を納得させたり、説明させたりする場にもなる。常に互いに表現しながら課題解決に向かう場面をつくることこそ、表現力をつける第一歩である。その意味でペア学習・グループ学習を活用したい。

(4) 本時で活用させる基礎・基本
　・三角形の内角の和が180°であること
　・三角形の内角や外角を計算で求めること
　・四角形の内角の和は、すべて360°であること
　・多角形の内角の和の求め方
　・対角の法則
　・直角三角形、直角二等辺三角形の内角

(5) 特別支援が必要な児童への対応
　・グループ分けの際に互いに支え合える友達がいるように配慮している。

・気軽にそれぞれの考えを交流し合う場を設定することで思いつけない児童の参考にさせる。
・教師が巡視しながら，一緒に問題を考えたり解いたりしていく。

(6) 本時の展開（本時8／8時）

| | 教師の働きかけと予想される児童の反応 | ・留意点　◎評価 |
|---|---|---|
| 課題の共有化 | 1　三角定規を使った問題の解法の仕方を考える。（10分）<br><br>T1：これは2つの三角定規を組み合わせてできた図形です。この図形の（★）の角の角度は何度でしょう。<br><br>（図：三角定規を組み合わせた図形。ア，イ○，ウ，（★）○，エ）<br><br>C：まず∠イは$90°-30°=60°$で直角二等辺三角形の端の角度は$45°$だから∠アは$45°$<br>　　$180°-(60°+45°)=75°$です。「バッテンの法則」（児童が考えた言葉。対頂角が等しくなること）によると（★）は$75°$になります。<br>T：（解き方を板書しながら，説明する。） | ・今日の学習課題を板書する。<br>・問題プリントを児童に配り，解かせる。（2人で1枚）<br>・隣同士相談してもよいことも伝える。<br>・（★）の角度を求めるために必要な他の角度も書き込ませるようにする。<br>・プリントには，（★）の角度を求めるまでの手順が書けるようにしておく。<br>・解き方を書き終わった児童たちから前に出て発表してもらう。しかしあまり時間はかけない。<br>・ここで説明しながら，解き方の手順を例示する。 |
| | 2　今日の学習課題を把握し，問題づくりを行う。（10分）<br><br>T2：今日の学習は，隣の人と協力して，2つの三角定規を使い，角度の問題をつくったり，友達のつくった問題を解いたりしましょう。 | ・隣同士で常に相談したりすることや一緒につくっていくことなどを強調する。<br>・問題用紙を配る。（問題用紙は画用紙に問題欄と解法欄を付けておく。） |

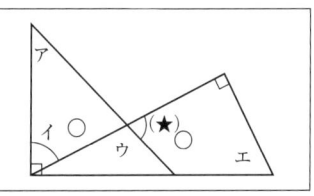

| | | |
|---|---|---|
| | T3：では，三角定規を使った問題をつくりましょう。<br>C：先生，問題は何問つくってもいいの？<br>T：何問もつくっていいよ。10分間でね。<br>（C：隣同士で問題をつくりはじめる。）<br>（C：用紙をとりにきて，何枚も問題をつくる。）<br>C：5枚もできた。<br>C：おれたち，3枚。 | ・できるだけ難しい角度を問題にすること，解ける問題かどうかも見極めて問題をつくること，制限時間なども伝える。<br>◎相談したり，角度の問題づくりをしたりしている。（観察・用紙） |
| 思考の深化 | 3　グループ内で相手のペアの問題を解く。（10分）<br><br>T4：では，みなさんのつくった問題は，各グループのもう一つのペアの人たちに解いてもらいます。問題用紙を交換してください。<br><br>（C：各ペアで相談して問題を解く姿が見られる。） | ・しっかりとアの角度にいきつくまでの解法を書くように指示する。<br>・問題として不適当なものについては，巡視しながら回収していく。<br>・制限時間も伝える。 |
| | 4　別のペアが解答したものを採点し，解き方の手順について考える。（5分）<br>T5：では，もとのペアで解答を採点してください。<br>C：できている。<br>C：すごい。<br>C：どうしてこうなるの？<br>T6：こういう問題って，どうやって解いていくといいかな。<br>C：まず，分かる角度を入れる。そして，三角形の内角の和とかを使って，解いていくよ。 | ・採点していて，解法が分からない場合は，相手のペアに聞くように促す。<br><br>・児童の言葉を板書する。 |

| | | |
|---|---|---|
| まとめ | 5　学習感想を書く。(10分)<br>T7：今日の学習の感想★印をノートを出して書きましょう。<br>C：ぼくは，はじめに分かる角度を入れてそれから計算しました。 | ・いつもの★印で始めるようにしていく。<br>・解き方の手順などを書いたものなどを紹介していく。<br>◎解法の仕方にふれた感想を書いている。(ノート) |

(7) 評価規準

〈関心・意欲・態度〉
　○図形の角度を求める問題を進んでつくったり，解いたり，また隣の子と話し合ったりしていたか。

〈思考・判断〉
　○これまでの既習内容を理解し，問題づくりや解法に役立てていたか。

〈表現・技能〉
　○自分なりの問題づくりや解法の仕方を文字や数式・図形等で表していたか。
　○相談したり，分からないことを伝えたりしながら協同で問題づくりや解法を行っていたか。

資料4

### 第5学年○組　算数科　学習指導案

1　単元名　「角柱と円柱」
2　単元の目標
　○図形についての観察や構成などの活動を通して，立体図形について理解できるようにする。（新C(2)）
　○角柱や円柱について知る。（新C(2)ア）
3　本時の学習計画（本時　6／6）
　(1)　ねらい
　　○側面の横の長さを知ることで，底面の直径や半径を求めることができることを理解する。
　(2)　児童の実態（略）
　(3)　本時の構想
　　　本時は，「角柱と円柱」の単元の最終段階で「力だめし」の最後にある難しい問題である。答えを導くためには，これまでの既習の基礎・基本で次の内容を理解していないとできない。
　　・円柱の側面の横の長さは，底面の円周と同じ長さであること
　　・円周の長さ＝直径×円周率（31.4），つまり直径＝円周÷円周率であること
　　・直径は，半径の2倍であること

　　| 手立て1：長方形の紙だけの提示（問題意識を高めるため） |

　　　これまで，「角柱と円柱」の単元では，複雑な図形や問題文が長い場合が多かった。そこで，本時は，1枚の長方形の提示から始める。このことによって，児童は，上記のこれまでの学習内容を一気に思い出し，それらの知識を使って問題を解かないといけないことを思い出させる。このことで，これまでの知識をどのように使っていったらよいかと思考し，自分で判断しなければならなくなる。その意味では，「活用場面」における意外な提示で，児童の興味・関心を引きつけることになるだろう。

手立て２：友達同士で考え合ったり自分の解き方を自由に説明したりする場面の設定(互いに思考力を高め合うために)

　当学級のストラテジープランでは，互いに思考力を高めていくために，協同的解決に今年度は取り組んでいる。そこで自力解決後に各グループで，自分で解決できた児童は，他の児童に自分の解き方を伝えたり，他の児童の解き方を聞いて自分で解いてみたりする場面を設定する。このことで，互いに支え合い，また協力して解決したりしていく気持ちを養うとともに，説明する力や聞き取る力をつけていきたい。

(4) 本時の展開

|  | 教師の働きかけと予想される児童の反応 | ・留意点　◎評価 |
|---|---|---|
| 導入<br>(5分) | １　長方形の画用紙を見て，本時への学習意欲をもつ。<br>Ｔ：今日の学習は，この長方形で行います。<br>Ｃ：ええっ，何。<br>Ｃ：これでするの？ | ・長方形（10cm×31.4cm）の画用紙を用意する。 |
| 課題意識の共有化<br>(20分) | ２　本時の学習課題を理解し，自力解決しようとする。<br><br>Ｔ１：これは，円柱の側面の展開図です。これを使って，円柱を作りたいと思います。さて円柱の底面の半径は何cmにすればよいでしょう。<br><br>Ｃ：えっ，わかんない。<br>Ｃ：あっ，わかった。<br>Ｃ：側面の横の長さは，円周の長さと同じだから。<br>Ｔ：解き方が分かった人は，ノートに自分の解き方を書きましょう。<br>Ｃ：(自分の解き方をノートに | ・板書し，ノートに学習課題を書かせる。その際に長方形の画用紙も黒板に貼り，長さを書き込む。<br>・板書には，自分の解き方を言葉で説明できるようにノートに書かせるスペースもつくるように促す。<br>・考えていて，学習課題の意味が分からない児童には，教師が長方形を持っていって，その場でもう一度，学習課題を説明する。 |

| | | |
|---|---|---|
| | 書く。）<br>C：31.4÷3.14＝10　答え10cm<br>C：できた！<br>C：31.4÷3.14＝10　10÷2＝5cm<br>　　答え　5cm | |
| 思考を深める<br>（15分） | 3　グループで自分の解き方を説明したり，友達の話を聞いて，解いたりする。<br><br>T2：では，グループで自分の解き方を説明したり，友達の考えを聞いたりして，問題を解いてみてください。<br><br>C：ぼくは，側面の横の長さと円周の長さが同じだから，円周の長さを円周率で割って直径の長さを出しました。そして直径を2で割って半径を出しました。<br>C：あっ，そっかあ，わかった。 | ・グループの体型にする。<br><br>・各グループの解き方が分かった児童に，先に解き方を説明するようにさせる。そして，分からなかった児童も，式と答えを書けるようにする。<br><br>・各グループでほとんどの児童が分かったら，机を元の位置に戻させる。<br>・児童に全体に説明させ，大切なところは，教師も出て説明する。 |
| まとめ<br>（5分） | 4　もう一度，同じような課題を解く。（練習）<br>T：では，教科書の93ページの③を解いてみましょう。<br>C：（③を解く。） | ◎③の問題を解くことができたか。（ノート）<br>・終わった児童は手をあげさせ，○をつけてまわる。<br>・終わった児童には，ドリルをさせる。 |

(5) 評価規準
　○③の課題を自力で解くことができたか。

資料5

### 第4学年○組　算数科　学習指導案

1　単元名　「1けたでわるわり算」
2　単元の目標
　○（2・3位数）÷（1位数）の意味と，筆算の仕方を理解する。
　○除法について，次の関係がまとめられることを理解する。
　　（被除数）＝（除数）×（商）＋（余り）
　○（2・3位数）÷（1位数）の簡単な暗算の仕方を理解する。
3　本時の学習計画（本時　12／14）
　(1)　ねらい
　　○[1]～[6]までの数字カードを使って，（3位数）÷（1位数）の式をつくり，条件に合う商（2けたの商・3けたの商）になるように工夫する。
　(2)　児童の実態（略）
　(3)　本時の構想
　　本時は，現行の学習指導要領の内容にはないが，算数の教科書にはチャレンジ問題として載っている。また「1けたでわるわり算」の最後に位置づけられている。本時は，これまで児童が学習してきたことを総動員して考えていくものになっている。その意味では「1けたでわるわり算」の活用場面として位置づけられる。
　　本時は，理解の遅い児童にも分かりやすくするために内容を焦点化した。そこで前時に（○○○）÷○で商が1けたになるものと2けたになるものをつくっておく。本時は，まず商が2けた・3けたになる筆算を解くことから始める。

> 手立て1：筆算として具体化しやすいように[1]～[6]のカードを持たせること

　　本学級は，児童の実態にも述べたように非常に個人差が大きい。理解の早い児童と遅い児童で解決にかかる時間の差も大きい。そこで実際に操作できるようにカード（[1]～[6]・筆算式）を持たせる。この利点は2つある。

- 実際にカードを使うことで,今日の学習課題の理解が早くなる。(理解の遅い児童への配慮として)
- カードの組み合わせを実際に動かしながら工夫することで多くの筆算式を導ける。(理解の早い児童への配慮として)

手立て2：商が2けた・3けたになるための条件を考えやすくする板書

ふだんから児童が考えやすい板書を心がけている。今回は,はじめに商が3けたになる筆算式をわる数の小さいほうから板書していく。その後,商が2けたになる筆算式も同様にし,対比させる。そこで「商が2けたになるわり算の条件」「商が3けたになるわり算の条件」を考えさせる。

(4) 本時の展開

| | 教師の働きかけと予想される児童の反応 | ・留意点　◎評価 |
|---|---|---|
| 導入（5分） | 1　(3位数)÷(1位数)の筆算の仕方を確認する。<br>T：次の計算をしましょう。確かめもしましょう。<br>　　548÷4　　728÷6<br>C：548の5の中に4は,1回あって……。 | ・商が2けたになるものと商が3けたになるものを出す。<br>・カードに書いて黒板に貼る。<br>・児童に言わせて教師が書く。 |
| 課題意識の共有化（20分） | 2　商が2けた・3けたになるわり算をつくる。<br>T1：①〜⑥のカードを使って,商が3けたになる3けた÷1けたのわり算をつくりましょう。<br>C：(学習課題ノートに書く。)<br>C：分かった。316÷2だ。これ,3けた。<br>C：たくさんある。521÷3も。431÷2も。 | ・板書し,ノートに学習課題を書かせる。その際,「わる数に1を使わないこと」も伝える。<br>・筆算カード,①〜⑥のカードを使って説明する。(児童にも出させる。)<br>・自分でつくったわり算は,筆算でやるように言う。<br>・児童の多くがやり始めたら,個々の児童の支援のために巡視していく。<br>・時間を事前に言って,その |

| | | |
|---|---|---|
| | T2：では次に①〜⑥のカードを使って，商が2けたになる3けた÷1けたのわり算をつくりましょう。<br>C：（ノートに書きながら，商が2けたになるわり算を探していく。）<br>C：234÷6とか，436÷5だ。<br>T3：では，発表してもらいます。まず商が3けたになるわり算は？<br>C：316÷2です。やり方は……。<br>T5：では続いて，商が2けたになるわり算は？<br>C：234÷6です。やり方は……。 | 時間内で考えさせる。時間になったらすぐにやめさせる。（T1・T2とも）<br>・巡視し，意味が分かっていない児童にやり方を伝える。<br>・はじめは口で言わせて，時間があったら黒板の前に出て筆算させる。多くなったら手をあげている人にカードに書かせる。<br>◎商が2けた・3けたになるわり算を考えることができたか。（ノート） |
| 思考を深める<br>（15分） | 3　商が2けた・3けたになるわり算の条件を考える。<br>T6：商が3けたになる秘密は何でしょう？　商が2けたになる秘密は何でしょう？　ノートに気づいたことを書きましょう。<br>C：たぶん，わられる数の百の位が，わる数より大きいと商が3けたになると思うな。<br>C：百の位が同じでもいいと思う。<br>C：わられる数の百の位の数が，わる数よりも小さいと商が2けたになる。 | ・自分で考えさせて，少ししたら，グループでの話し合いを入れていく。<br>・グループでの話し合いでわかったことを書くように促す。<br>・児童の説明をもとにまとめをする。 |
| まとめ<br>（5分） | 4　今日の学習で分かったことや考えたことなどを書く。<br>C：ぼくは今日の勉強で，商が2けたと3けたになるわけが分かった。 | ◎商が2けた・3けたになる条件についてノートに書くことができたか。（ノート）<br>・書いたことを発表させる。 |

(5) 評価規準
　○①〜⑥のカードを使って，商が2けた・3けたになるわり算をつくることができたか。

### 資料6　「朝の会」の掲示

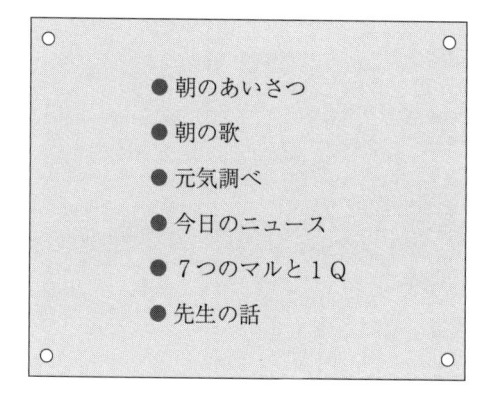

- 朝のあいさつ
- 朝の歌
- 元気調べ
- 今日のニュース
- 7つのマルと1Q
- 先生の話

［著者］

成瀬　仁（なるせ ひとし）

公立小学校教諭。国立大学教育学部非常勤講師及びオーストラリア公立小学校での勤務経験がある。また，幼稚園での教諭経験もあり，多彩な教職経験を生かし，子どもと環境，教師の雰囲気について考えながら，現役で教壇に立っている。

〔著書〕『チェックリスト 学級担任の危機管理』（教育出版，2012年）

## 学級担任が学級全体の学力を伸ばす10の鉄則

2012年8月5日　第1刷発行

　　著　者　　成　瀬　　仁
　　発行者　　小　林　一　光
　　発行所　　教　育　出　版　株　式　会　社
　　　　　　　〒101-0051　東京都千代田区神田神保町2-10
　　　　　　　電話 03-3238-6965　振替 00190-1-107340

© H.Naruse 2012　　　　　　　　印刷　モリモト印刷
Printed in Japan　　　　　　　　 製本　上島製本
落丁・乱丁本はお取替えいたします。

ISBN 978-4-316-80370-8 C3037

# ☑チェックリスト
# 学級担任の危機管理

連絡帳に赤ペンで返事や
子どもへの指摘などを
書いていないか？

給食時の席を安易に
『自由席』などに
していないか？

……こんなところに
　　危機意識はありますか？

212項目について，「危機管理」の視点から
学級担任の見方・考え方を問う。

成瀬　仁 著　四六判／256頁

**教育出版**